知っていると差がつく知的雑学

# 知識の
# 博 会

雑学
Gaku

翔太



彩図社

# はじめに

携帯電話、テレビ、電車に車。普段私たちが何気なく使っている便利なモノには、必ず何かしらのテクノロジーが利用されています。

「なぜテレビは映像を映し出すのだろう？」「なぜ車はガソリンを入れるだけで動くのだろう？」と、普段から疑問に思うことはあまりないでしょう。それらが〝当たり前〟のことになっているからです。

しかし、物事の多くには、知っておくとちょっと得をするような話があり、今まで見えていた〝当たり前〟の部分には、隠れた刺激的な情報があるのです。そんな、知っておくとためになる博学知識を、本書では紹介します。

例えば、温泉の独特な臭いは実は硫黄の臭いではないこと、レストランという言葉は実は料理名だったこと、日本で初めて拳銃の所持を許された職業は警察官ではないことを知っていますか？

これらの知識が日常生活で役に立つ機会は、そう多くはないかもしれません。しかしこれらの知識に触れることで、その物事の歴史を知り、これまで目を向けてこなかった世界を垣間見ることができるのです。

当たり前だと思っていることが、なぜそうなっているのか、その仕組みや背景にまで目を向ける。それによって、人は満足感を得ることができます。

本書で紹介する博学知識は、そんな感覚を楽しめるものばかり。身近なモノの疑問に関する知識、食べ物に関する知識、日本や世界の歴史上の人物や出来事に関する知識、言葉の違いや語源を辿る知識、人体の仕組みやスポーツに関する知識、生き物に関する知識など、森羅万象の博学知識を全6章、260個の記事に分けて紹介しています。

ご家族や友人、恋人も一緒に知識の博覧会場へ足を踏み入れてみましょう。博覧会場を後にする頃には、今までと違った角度から物事を見る目が備わっているはずです。

知っていると差がつく知的雑学

# 知識の博覧会

目次

## 3章　歴史・地域の博学知識

## 4章　言葉の博学知識

## 6章　生き物の博学知識

# 1章　身の回りの博学知識

No.1

# 紙幣に製造年が刻印されない理由

日本の硬貨の片面には、必ず製造年が和暦で刻印されています。しかし紙幣には製造年が印刷されていません。なぜなのでしょう？

硬貨に年号が刻印され始めたのは、金を通貨価値の基準とする制度である、金本位制《きんほんいせい》の名残です。

造幣局《ぞうへいきょく》ができた１８７１年当時は、金の品質が年によって異なっていたため、いつの硬貨であるかを証明する必要がありました。

一方、紙幣は紙でできていますから、硬貨に比べて圧倒的に寿命が短いため、製造年を印字する必要性がないのです。その寿命は１万円札で３～４年、１０００円札で１～２年と言われています。古くなった紙幣はすぐに新しいものと取り替えられてしまうため、何十年も前の紙幣は出回らないのです。

では紙幣の製造年を判別することができないのかというと、それもまた違います。紙幣には製造番号が印刷されていますが、この番号によって製造年を割り出すことが可能です。しかし防犯上の理由から、その割り出し方法は日本銀行しか知り得ないことなのです。

No.2

# 5円玉だけなぜ漢字表記？

日本の硬貨には1円、5円、10円、50円、100円、500円の6種類があります。各硬貨に記されている金額を見てみると、5円玉だけはなぜか漢字で「五円」と書かれています。なぜ他の硬貨と同じく、数字で記載しないのでしょうか？

現在の5円硬貨の発行が開始されたのは、1959年から。中心に穴が開いているのは、視覚障害者にもわかりやすくするためと、材料費の節約という理由があります。デザインには産業に関わるモチーフが用いられており、稲穂は農業を、水面は水産業を、歯車は工業を、裏面の双葉は戦後日本の成長を願う意味が込められているのです。

では、5円玉だけがなぜ「五円」と書かれているのか。造幣局いわく「特に理由はない」とのこと。これだけ5円玉には想いが込められているにもかかわらず、「五円」の表記には何の感情もなかったのです。

## No.3 紙幣の肖像画を描いているのは公務員

福沢諭吉や野口英世など、紙幣には精密な肖像画が描かれています。言うまでもなく、その目的は紙幣の偽造を防止することです。

よく見ると、細かい無数の線で描かれていることがわかりますが、これほど緻密な絵は誰によって描かれているのでしょうか？

紙幣に使われるくらいだから、さぞ有名で高名な人物が描いているかといえば、そうではありません。紙幣に描かれた人物、さらに他のデザインを務めているのは、国立印刷局に勤める国家公務員なのです。

しかしただの公務員ではなく、専門に雇われた「工芸官」と呼ばれる人たちで、30人程度で構成されています。

工芸官は、まず写真を元に下絵となる水彩画を描きます。それを元に、特殊な彫刻刀で銅板に細かく線を削り出していくのです。1ミリの幅に10本以上の線を彫刻することもある、大変精密な作業なのです。

このようにして作られる日本の紙幣は高い偽造防止レベルに達しており、世界でも屈指の技術力を誇っています。

No.4

# 2000円札は沖縄で使われている

西暦2000年を記念して発行が決定した2000円札。2000年度には7億7000万枚が、2003年度には追加で1億1000万枚の合計8億8000万枚が発行されましたが、今となっては全くもって見かけることがなくなりました。いったいどこにいったのでしょうか？

現在、発行された2000円札のおよそ99%は、日本銀行の金庫に眠っています。

そして残りの1%は、なんと沖縄県で盛んに使用されているのです。

というのも、2000円札は沖縄サミットの開催を記念して発行が決まった紙幣で、デザインには首里城が採用されています。

そんなことから、沖縄では2000円札の普及に本腰を入れており、ATMでも2000円札が気軽に引き出せる仕組みになっているのです。

沖縄における2000円札の流通量は毎年増加し、2020年2月には690万枚を突破。県民一人あたり4～5枚程を所持している計算になります。

No.5

# ご祝儀に包む金額は偶数か奇数か

入学祝い、進学祝い、就職祝いに結婚祝いなど、日本では何かとご祝儀を贈る機会が多いと思います。

毎回悩まされるのが包む金額。一般的には1万円や3万円などの奇数を包むと縁起がいいとされていますが、それはなぜなのでしょうか？

これには、中国の陰陽《いんよう》思想が起源となっているという説があります。

陰陽とは、世の中のすべての出来事が陰と陽に分かれるという考え方で、陰はマイナス、陽はプラスのイメージです。

陰陽思想では陰は裏であり偶数。陽は表であり奇数なのです。

このことから日本では奇数が吉とされ、七五三や節句（3月3日、5月5日）などさまざまなお祝い事に用いられています。

ご祝儀の場合も例外ではなく、奇数で贈るのがよいとされます。もしどうしても2万円を贈りたい場合は、1万円札を1枚と、5000円札を2枚にして、枚数を奇数にする工夫をするとよいでしょう。

No.6

# 時計が右回りなのは太陽の影響

「時計は右回り」というのは世界共通です。いったいなぜなんだろうと、疑問に思ったことはないでしょうか？

現在のような機械仕掛けの時計が誕生する前、人類は太陽を元にした「日時計」で時間を確認していました。日時計とは、円の中心に棒を立て、映し出される影の方向や長さによって、時間や季節を読み取る時計です。この動きが北半球で右回りだったことから、機械仕掛けの時計も右回りとなったのです。

北半球では、太陽は東から昇り、南側を通って西に沈みます。日時計で見ると、影の向きは西から北を通って東に移動します。つまり、右回りになるというわけです。

では、北半球と逆方向に太陽が昇る南半球はどうでしょうか。日時計は左回りとなるため、時計も左回りになる、かと思いきや、そんなことはありません。

機械仕掛けの時計の技術は、ドイツやスイス、イタリアなど、北半球で発達して世界に広まりました。そのため、南半球でも右回りの時計が使われているという説が有力です。

No.7

# 歳を取ると1年が短く感じるのには法則があった

年齢を重ねる度に、月日の流れは早く感じるもの。幼少期は1日がとても長く、1年という月日は果てしなく感じたものでした。

この不思議な現象を心理学的に説明する法則があるのをご存じでしょうか。その名も『ジャネーの法則』。フランスの哲学者ポール・ジャネーによって発案された法則です。

この法則では次のように説明されています。

**生涯のある時期における時間の心理的長さは年齢の逆数に比例する**

例えば、50歳の人間にとって1年の長さは人生の50分の1ですが、5歳の人間にとっては5分の1。つまり、50歳の人間の10年は、5歳の人間にとっての1年にあたることになります。

逆に考えると、5歳の人間にとっての1日は、50歳の人間の10日にあたるというわけです。

ややこしい話ですが、精神的、心理的に時間の長さが短く感じることが説明されているのです。

No.8

# レジ袋は梨狩りがきっかけで生まれた

かつて梨狩りでは、竹で編んだ竹カゴを使用していました。しかし竹カゴが古くなるにつれ、竹がほつれて飛び出てしまい、それが原因で女性のストッキングなどが伝線してしまうことが多かったといいます。それらの被害を解消するべく、1970年代に「あるもの」が開発されました。

それが日本で年間300億枚も消費され、現代の生活には欠かせないといっても過言ではない「レジ袋」です。この開発により、それまで買い物で使用されていた紙袋を廃止する所が相次ぎました。

「ポリ袋」「ビニール袋」と称されることも多いですが、ポリ袋はポリエチレン、ビニール袋は塩化ビニルと、両者は全く違う材質でできています。現代のレジ袋のほぼすべては、ポリエチレンでできているので、別名はポリ袋であると言えます。

現在では、環境問題にもなるレジ袋。海外ではレジ袋に税金をかけている国も少なくありません。便利ではありますが、エコバッグなどを持ち歩くことも心がけましょう。

No.9

# おやつの時間は2時が正しい?

「3時のおやつ」とは、昔から言われていること。ではいったいどれくらい昔から言われているのかというと、江戸時代にはすでに使われていました。

そして正確には3時ではなく「2時のおやつ」が正しいということなのですが、どうしてそうなるのでしょうか?

今でこそ、「おやつ」はお菓子のことを指しますが、その語源は鐘の音です。江戸時代には今のような西洋時計があったわけではありません。時計の代わりとして、お寺の鐘の音の数で時間を知らせていたのです。

とは言っても、一つ鳴らすから1時、というわけではありません。鐘の音は四つから九つまでの6回に分けていました。つまり四つ鐘の音が響いたとしても、4時というわけではないのです。

そして「おやつ」とは、鐘の音を八つ鳴らす時間のこと。今で言う2時頃を指していました。時期によって時間は変動しましたが、八《や》つ時《どき》にお菓子を食べるという習慣から、お菓子＝おやつと呼ぶようになったのです。

No.10

# 炭酸飲料のペットボトルの底の名称は「ペタロイド」

炭酸飲料のペットボトルの底には、五つの半球状の突起がボコボコとついています。実はこの形状には名前があり、ある役割を担っています。それが何かご存じでしょうか？

炭酸飲料が入ったペットボトルは「耐圧用ペットボトル」と呼ばれます。丸くて凹凸が少なく、厚めで固い。そのため、内部の炭酸ガスの内圧に耐え、ボトルの変形を防止することが可能です。

この耐圧用ペットボトルで特徴的なのは、やはり底部の突起状の形です。その名称を、「ペタロイド」といいます。五つの突起が花びらのように見えるということで、英語で「花弁」を意味するこの言葉が使われるようになりました。

底が平らに近い形だと、ペットボトルに炭酸飲料を入れた際、ガス圧で膨張したペットボトルは自立することができません。しかし、半球体のペタロイドでは、安定して自立することができるのです。

No.11

# 新品の靴下の留め具にも名前がある

新品の靴下には、2足がバラバラにならないように金属のクリップが付いています。普段はあまり気にかけることはありませんが、こんな小さなものにも、ちゃんと名前はあるのです。

この靴下用のクリップは「ソクパス」といいます。新品の靴下を購入した際、つま先側と履き口側にそれぞれソクパスが付いています。もちろん使い捨て専用のパーツです。

1950年頃のアメリカでは、これを「パッチャー」と呼んでいましたが、日本では、それを広げた形が文房具のコンパスに似ているという理由から、「ソックス+コンパス」で、ソクパスと名付けられました。

これを日本で最初に使用したのは、ナイガイというレッグウェアメーカーだとされています。糸を縫い合わせる以前の方法と比べて、効率が大きく向上したといいます。

現在では、環境への配慮の他、子どもが誤って飲み込んでしまっても大丈夫なように、アルミ製から紙製へと変えているメーカーが増えているようです。

No.12

# ジーンズが青いのは毒ヘビ除けのため

ジーンズと聞くとすぐに思い浮かぶのが、青や紺色のブルー系統の色合いです。実はジーンズが青いのには意味があるのです。ジーンズの発祥がどのようなものなのかは、比較的有名な話です。

それはゴールドラッシュの時代、アメリカでのことです。当時は鉱山で多くの鉱夫が働いていました。激しい労働を繰り返すうちに、ズボンがすぐに擦り切れてしまうというのが、彼らの悩みでした。

そこで丈夫なデニム生地を使用したズボンを考案し、作業着として採用したものが、ファッション業界へと進出していったのです。

そんなジーンズの元となるデニムは、実は白色の生地です。今でこそ色とりどりのジーンズがありますが、当初はあえて青に染めていたのです。

その理由はやはり鉱山が関係していました。鉱山の周りには毒ヘビがいて危険な環境だったのですが、デニムの染料であるインディゴにはこれを除ける効果があると言われていました。そのため、青色が定着したのです。

No.13

# セーターは汗をかくための衣服だった

現在では、防寒具として使用されているセーター。しかしその名が定着したときには、まったく別の目的で使用されていました。

セーターは、11世紀のイギリスで漁師の作業着として使われていたものが起源とされています。しかし、この頃はまだセーターという名で呼ばれてはいませんでした。

セーターと呼ばれるようになったのは、それからかなりの年月が経ってからのことです。

1891年、アメリカのフットボール選手が減量トレーニングを行う際、汗をかきやすくするために上着に着用したのがセーターの始まりと言われています。

そう、「セーター」は「汗をかくこと」を意味する「sweater（スウェター）」からきているのです。今でいうスウェットの意味合いが強く、日本でも19世紀後半から20世紀初頭にかけて、セーターという名前が認知され始めました。

No.14

# 「WC」というトイレマークの意味

海外渡航に備えて是非覚えておきたい単語の一つ「トイレ」。急を要した時、トイレという言葉が通じないとなっては一大事です。

しかし英語と一口に言っても、小さな島国の日本の中にいくつも方言があるように、アメリカ、イギリス、カナダなど、国によって言葉の使い方が変わってきます。

「トイレ」と言って通じないことはありませんが、トイレという言葉自体には「便器」の意味合いが強いようで、上手く通じない可能性があります。

欧米ではトイレとお風呂が同じスペースにあることが多いため、バスルームと伝えるだけでトイレに通してもらえます。でもこれでは外出時には通じません。

日本語で「休憩室」を意味するレストルームもトイレという意味で使われることがありますが、一番目にするのは、「ＷＣ」でしょう。これは「ウォータークローゼット（Water Closet）」の略で、「水洗式便所」を指しています。つまり汲み取り式のトイレにＷＣという文字は使えないのです。

No.15

# ビニール傘の持ち手の文字はメーカー名ではない

ビニール傘の中には、持ち手に「APO」や「EVA」といったアルファベットが刻印されているものがあります。

よく誤解されますが、実はこの文字は、ビニール傘を製造しているメーカー名などではありません。この文字は、ビニール部分の材質を表しているのです。

「APO」は「非晶質《ひしょうしつ》ポリオレフィン」（Amorphous POlyolefin）の英名の略称で、同じく「EVA」も「エチレンビニルアセテート」（Ethylene vinyl acetate）の略称なのです。

---

これらの素材は、燃やしても有毒ガスが発生せず、地球に優しいことが特徴です。

また、文字の刻印部分には、素材を表示するだけでなく、その色にも意味があります。

青色の刻印ならば傘のサイズが65センチメートルであることを表しており、その他の色ならば60センチメートルであることを表しているのです。

## No.16
# 「温泉の臭い」は硫黄の臭いではない

温泉の臭いを嗅ぐと、よく「硫黄《いおう》の臭いだ」と言われます。他にも「ゆで卵の臭い」や「オナラの臭い」などとも言われます。しかし、硫黄にとってはいい迷惑で、科学的に言えば、硫黄にそのような臭いはないのです。

実は、硫黄そのものは無臭です。私たちが硫黄の臭いだと思っているのは、硫黄と水素の化合物である硫化水素《りゅうかすいそ》の臭いなのです。

火口や温泉源の周囲など、天然の硫黄が存在する場所では、多くの硫化水素や二酸化硫黄が発生しています。これらに鼻をさす刺激臭があることから、「硫黄の臭い」と表現してしまっているのです。

なお、「硫黄」という言葉の起源は割と古く、8世紀には信濃国《しなののくに》から朝廷に献上されたことが記録されています。さらに平安時代になると、辞典や貴族の日記にも硫黄という言葉が登場するようになりました。

その用途は非常に多様で、燃料や薬品、農薬、火薬の原料などとして使用されました。平安時代後期には、中国への輸出品としても重宝されていたほどです。

No.17

# 温泉の効能にも副作用がある

入浴は血流を促進して身体の隅々を温かくし、疲労をとってくれます。家庭のお風呂でも効果があるとのことですが、温泉となると一段と疲れを取ってくれる気がします。しかし身体にいいとされる温泉の効能も、時には毒となる場合があるのです。

水質に含まれる成分によって、温泉は身体にさまざまな影響を及ぼします。これがいわゆる効能というものです。肩こり、腰痛、リウマチ、筋肉痛など、身体の不調を治してくれます。

つまり、温泉のお湯は薬と同じ効果があるということですが、薬に付きものなのが副作用です。温泉も例外ではありません。

温泉に含まれる成分によって自律神経が過敏になり、めまい、吐き気、嘔吐、頭痛、下痢などの諸症状が引き起こされることがあるのです。これがいわゆる「湯あたり」というものです。

温泉に入って疲労感を覚える場合、のぼせているのではなく湯あたりしている可能性があるので、その後の再入浴は控えましょう。

No.18

# 自動販売機は売り切れ表示でも売り切れていない

一口に自動販売機と言っても、飲料からタバコまで、日本には多種多様の自動販売機があります。

中の商品がなくなれば自動的に「売り切れ」のランプが点灯しますが、少なくとも飲料の自動販売機の場合、「売り切れ」の表示が出ていても、中に商品が残っているというのです。いったいなぜなのでしょうか？

飲料の自動販売機には、冷たいものから温かいものまで揃っており、利用者にとって、常に適温に設定された飲料が出てきます。

しかし、もしすべての飲料缶を出し切ってしまうと、次に補充したあとすぐに利用された場合、補充されたばかりで温度管理のされていない飲料缶が出てきてしまうことになります。

これを回避するために、飲料の自動販売機では「売り切れ」の表示が点灯していても、最低でも1本は中に飲料缶を残しているのです。

売り切れ表記の自動販売機

No.19

# あれ？　今スマホが鳴った？と思ったときの現象名

携帯電話を一人一台持つようになって久しい昨今、公共の場所ではマナーモードも当たり前になっていますが、こんな現象を体験したことはありませんか？

ポケットなどに携帯電話やスマホをしまっていたり、視界に入らない場所にある時に、絶対にバイブ音が鳴ったはずなのに確認してみると不在通知もメールも何もなかった――。

誰しも一度は経験したであろうこの現象には、しっかりと正式名称があるのです。

この現象は「ファントム・バイブレーション・シンドローム」といい、日本語では「幻想振動症候群」と呼ばれるものです。

一種のスマホ依存症の症状で、「誰かから連絡が来るかも知れない」、「新しい通知がいつも気になる」というような人に、多く見られる現象だそうです。

余計な心配をしないためには、一週間に一度、せめて月に一度くらいは、スマホを使わない日を設けてみるのもいいかもしれません。

No.20

# 蛇口を「カラン」と呼ぶのは「ツル」が由来

蛇口の説明書きを見てみると、「カラン」という文字が書いてあることがあります。このカランとは、いったいどういう意味なのでしょうか？

カランの語源は、オランダ語の「クラーン(kraan)」であると言われています。

クラーンとは、日本語で鳥の「ツル」を意味します。蛇口から伸びた水道管が、まるでツルの首のように見えることからクラーンと呼ばれるようになり、それが転じて「カラン」になったのです。

ちなみに、この「クラーン」を語源とする言葉がもう一つあります。それは工事現場などで使用されるクレーン車の「クレーン」という言葉。言われてみれば、どちらもツルに似ている気がします。

同じ「クラーン」という単語が由来でありながら、このような全く異なる二つの単語が誕生したというのは、興味深いことです。

No.21

# ガスコンロが左右で大きさが違う理由

家電量販店で売られている一般的な家庭用ガスコンロは、左右で大きさが異なります。二つあるコンロのうち、必ず左右どちらかの火力が大きく設定されており、両方の最大火力が均一のものはありません。火力が思ったより出なくて不便だと感じたことのある方も、いるかもしれません。なぜ、このような違いがあるのでしょうか?

ガスコンロの位置を思い出してください。普通は台所の端に置かれていると思います。この状態で壁側のコンロの火力が大きいと、低温着火の恐れがあって危険なのです。

低温着火とは、壁の内部が徐々に熱せられることによって木材内部に蓄熱が起こり、火種がないにもかかわらず出火してしまう現象のこと。この低温着火を防ぐために、コンロの大きさが左右で違うのです。

このような危険があるため、ガスコンロを購入する際には、必ず自宅のキッチンの壁がどちら側にあるのかを確認しましょう。壁とコンロの隙間が狭くて怖いという方は、専用の防熱板を用いると安全性が増します。

No.22

# 電信柱の中身は空洞になっている

海外では、電信柱の働きをするものが地中に埋め込まれており、街の景観が損なわれてしまうことを最小限に防いでいます。

日本では街中に電信柱が立っており、あちらこちらに電線が張り巡らされていて残念な気がする反面、日本らしさがあって情緒があると思えるのは筆者だけでしょうか。

そんな電信柱ですが、実は中身が空洞だということを知っていましたか？

コンクリートで作られた電信柱は、中身が空洞の中空構造になっています。型枠にコンクリートを流し込み、毎分１４０回転で遠心力をかけることで、中身を中空構造にしているのです。これによって、軽量化を図ることが可能となるわけです。

軽いと聞くと強度が気になりますが、ご安心を。風速60メートルに相当する約１・２トンの力に耐えうる設計になっており、高い強度を誇ります。

また、電信柱は地中に2メートル以上も深く埋め込まれているので、強度はさらに増しています。

No.23

# 電線がたるんでいるのは負担軽減のため

電柱から電柱へと伸びる電線をよく見てみると、ピンと張ってはおらず、少したるんでいることに気が付きます。

電線を張れば長さを短くしてケーブルの費用を抑えることができそうなのに、なぜわざわざたるませているのでしょうか？

その目的は、電線への負担を減らすことにあります。電線をピンと張った場合の線を「想定線」と言い、想定線とたるませて張る線の差を「弛度《ちど》」といいます。この弛度の差が小さい、つまり線がより張った状態だと、電柱に大きな負荷がかかるのです。

例えば、太めのロープか何かを両手を伸ばした状態で持ってみてください。ピンと張ったのとたるませて張ったのでは、腕にかかる重さが全然違うことに気が付くでしょう。

電線に使われるケーブルはかなり重いので、左右の電柱に均一に力が分散されるよう、緻密に計算されているのです。

No.24

# カイロは鉄が錆びることで発熱する

冬場の急な寒さをしのぐのに便利なのが、使い捨てカイロ。袋を開けて少し揉むだけで、あっという間に温かくなってきます。中に含まれる主成分は鉄粉ですが、どのようにして熱を発しているのでしょうか？

カイロが温かくなるのは、鉄が錆びる酸化の作用を利用しているからです。

鉄は水に濡れたまま放置されると錆びてしまいます。

これを酸化と呼びますが、酸化する際には熱が発生します。この作用でカイロが温かくなるわけですが、鉄は時間をかけて徐々に酸化していくため、通常の酸化では温かさを感じることはありません。

ではカイロはどのようにして急速な発熱を行っているのでしょうか？　その秘密は、鉄以外の成分にあります。

カイロの主成分の半分以上は鉄粉ですが、その他に酸化を促す水分や塩分、酸素の供給を促す活性炭などが含まれています。そのためあっという間に鉄粉は酸化し、カイロの温度は急激に上昇するのです。

No.25

# 新品と使用済み電池を一緒に使うと破裂する？

テレビのリモコンや時計など、電池を使う製品は多々あります。大抵は単3電池や単4電池を二個セットで使う場合が多いでしょう。

この際に注意しなければいけないのは、決して新品の電池と使い古しの電池を一緒に使ってはいけないということ。なぜなら、最悪の場合、電池が破裂することがあるからです。

電池は、残量が多いほど放電能力が高いのですが、放電の強さはより強い方へ合わせようとします。つまり、新品の電池が勢いよく放電するのに合わせようとして、残量が少ない電池が強い放電を行おうとします。これによって液漏れが発生したり、最悪の場合は破裂することがあるのです。

また、電池にはアルカリとマンガンの2種類がありますが、これらも放電能力が違うため、複数個セットで使う場合は種類を揃える必要があります。

面倒ではありますが、電池交換の際は、必ず「新品かつ同じ種類（メーカー）」の電池を使うようにしましょう。

No.26

# ドライアイスから出る煙は二酸化炭素ではない

冷凍食品やアイスなどを買った際に付いてくるドライアイスは、二酸化炭素が固体になったものです。

しかし、ドライアイスを常温で放置しているときにモクモクと立ちこめる白い煙は、二酸化炭素ではないのです。

二酸化炭素の塊であるはずのドライアイスから出ている煙なのに、二酸化炭素ではないとは、どうしてなのでしょうか？

二酸化炭素が固体になるための温度は、マイナス73度以下と超低温です。ドライアイスの冷却能力は氷の3倍以上もあり、とても冷たい物質であると言えます。

これだけの冷却能力を持っていると、周囲の空気に含まれる水分も、一瞬のうちに凍ってしまいます。つまり、固体のドライアイスから出ている白い煙は二酸化炭素ではなく、凍った水なのです。

ちなみに二酸化炭素は無色透明で、白く見えることはありません。

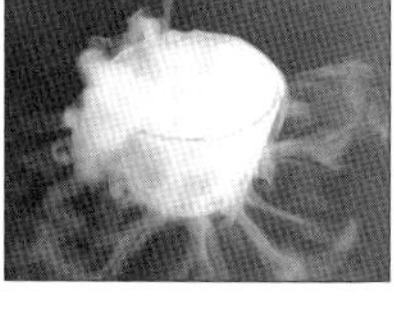

No.27

# 薬の錠剤はわざと大きく作られている

薬は、有効成分が決まっています。

しかし、錠剤は有効成分だけでできているのではありません。錠剤に含まれる有効成分はわずか数ミリグラムで、その何倍も重くなるよう、薬の錠剤はわざと大きく作られているのです。

錠剤は、有効成分と体に害のない添加剤を混ぜてから、それらを圧縮して形成されています。この際、有効成分だけを錠剤に形成してしまうと、一粒一粒がとても小さいものになってしまいます。これでは瓶から取り出す際にも不便、落としたらどこに行ったかわからなくなる、お年寄りや目の不自由な方が取り扱いづらいなど、さまざまな弊害が生まれてしまいます。

このようなことから、ほとんどの薬の錠剤はわざと大きくなるように作られているのです。なお、一般的に飲みやすいとされる大きさは、8ミリ前後と言われています。

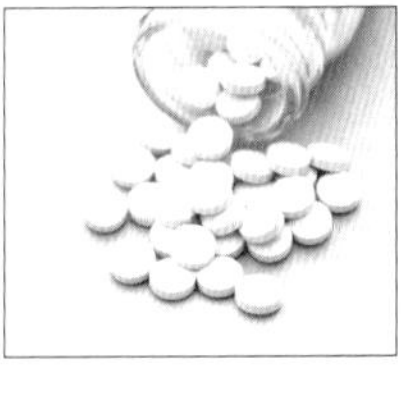

No.28

# ルビーとサファイアは同じ鉱石

ラテン語で「赤」を意味するルビーと、同じくラテン語で「青」を意味するサファイア。色の違いから全く別の宝石だと思われがちですが、実は同じ鉱石なのです。

どちらの石も「コランダム」という鉱物からできています。コランダムに微量のクロムという原子が加わることで、その結晶は赤く変色してルビーへと変わります。一方、コランダムにチタンや鉄などが加わると、青く変色してサファイアになるのです。

ちなみに、ルビーやサファイアが装飾される指輪は、付ける指によって大きく意味が異なります。結婚指輪が左手の薬指にはめられるのはご存じの通りですが、表にあるように、付ける指だけでなく、左右どちらの手に付けるのかによっても意味が変わってくるのです。

| | 左手 | 右手 |
|---|---|---|
| 親指 | 目的の実現 | 指導力、権力の持続 |
| 人差し指 | 願望を行動に移す力 | 集中力、行動力向上 |
| 中指 | インスピレーション直観力の向上 | 直観力、行動力向上 |
| 薬指 | 愛情が深まる | 魅力を発揮 |
| 小指 | チャンスを引き寄せる | 表現力が豊かになる |

No.29

# 招き猫は手の上げ方や色で意味が違う

最近ではめっきり見かけなくなった気がする「招き猫」ですが、商売繁盛の縁起物として店先に置く商店もあることでしょう。運気を上げてくれるものとして、さまざまな場面で重宝されています。

そんな招き猫は、必ずと言っていいほど片手を上げたポーズをしていますが、それもそのはず、「おいでおいで」とすることで、金運や来客を招いているのです。

一般的に右手を上げている方は「金運」を、左手を上げている方は「来客」を招くとされ、どちらも商売繁盛の意味を持っています。

なお、金運と来客の両方を得たいがために、両手を上げた招き猫もいるそうですが、「お手上げバンザイ」という意味もあるようで好まれてはいないようです。

本来は三毛猫の模様が描かれているのが一般的ですが、最近では一色に塗られたものも見かけることがあります。色によって招かれる福が違うとか。「交通安全（青）」「恋愛（ピンク）」「厄除け（黒）」「病除け（赤）」の意味を持つとされています。

No.30

# 茶道で茶碗を回すのは「もてなし」のため

正しい作法を知らなくとも、茶道では口を付ける前にクル、クルと茶碗を回す動作をするというのは、なんとなくわかるのではないでしょうか。

しかし、なぜ茶碗を回す必要があるのかは、茶道経験者でないとわからないかもしれません。

コーヒーの場合、砂糖やミルクを加えてスプーンでクルクルとかき混ぜます。しかし、茶道の場合はすでにかき混ぜた状態で出されるので、これとは全く意味が異なります。

茶道は一つひとつ、すべての動作において相手を「もてなす」意味が込められています。茶碗を回すのにも当然意味があります。

実は、茶碗には前後があります。大抵の茶碗の場合、美しい模様などが描かれた方が前面であり、主人はこの前面がお客様に向くように渡します。

そう、茶碗を受け取ったら、クル、クルと半回転させ、茶碗の前面を主人の方へと向き直しているのです。これが茶道における茶碗を回転させる意味なのです。

No.31

# 線香の火を吹き消してはいけない理由

ご焼香《しょうこう》やお参りの際、火を点《つ》けて供える線香。口で息を吹きかけて火を消すのはマナー違反であるとされますが、それはなぜなのでしょうか?

線香をあげるのは仏教の習慣です。その価値観の一つとして、人間の口は不浄なものを飲み食いし、時として悪口を言うことから汚れのあるものだ、というものがあります。

つまり、不浄な口から出た息を吹きかけるのは、仏様に対してツバをかけるのと同等とされるため、避けなければならないのです。

なお、線香を上下に振って火を消す人もいますが、これもマナー違反です。この場合は火が飛び散って仏様を火傷させてしまう恐れがあるとされています。

また、これらの作法は線香の火を消すときだけに限らず、線香に火を灯すためのマッチやロウソクの火も、手であおいで消すのが正しいマナーとされています。

No.32

# お墓参りで墓石に水をかける理由

お寺離れが進んでいるとはいえ、お盆の時期になれば、先祖が眠るお墓を訪ねる日本人は少なくありません。

その際、桶に入った水を柄杓《ひしゃく》ですくい、墓石にかけたことはありませんか？　宗派やその家の習慣によって異なるものの、テレビドラマで墓石をキレイに掃除するシーンを見たことがある人は多いと思います。しかし、この水を墓石にかけるという行為、掃除とは別の意味があるのです。

仏教の考え方では、死後に六つの世界に生まれ変わると言われています。

そのうちの「餓鬼道《がきどう》」は、飢えと渇きに悩まされる世界。水を飲むことさえも許されないのですが、唯一水分を補給する方法、それが墓にかける水なのです。

このことから、お参りの日に雨が降っていたとしても、柄杓からすくった水をかけてお参りをするのです。

もちろん、必ずしも先祖が餓鬼道に落ちているとは限りませんが、可能性がある限りは先祖を想って最善を尽くそうというわけです。

No.33

# 鏡餅に飾るのはミカンではなく橙

お正月の縁起物の一つとして、鏡餅《かがみもち》があります。三段重ねの丸餅と、その上に載るミカン、というイメージを抱く人は少なくないと思いますが、実は餅の上に載っているのは、本来はミカンではないのです。

鏡餅はその名の通り、鏡に似ていることから名付けられました。といっても、現代のような鏡ではなく、昔は青銅製の丸い形をしたものが使われていました。

地域によって鏡餅に供えるものは変わってきますが、印象的なものといえば、やはりてっぺんに載っている果物。ミカンのように見えますが、鏡餅の上に載っているのはミカン科に属する「橙《だいだい》」という果物です。

橙の実は、枝から落ちることなく大きく成長することから「代々大きく、落ちずに成長する」という願いが込められています。橙の入手が難しい場合に限り、ミカンで代用できたのですが、その機会が増えて現在に至るわけです。

No.34

# 節分の豆まきで炒り豆を使う理由

「福は内、鬼は外」と言いながら豆を投げる。

年の数だけ豆を食べる。

このように、節分には地域によってさまざまな言い伝えやならわしがあります。

江戸時代から行われてきた習慣で、「穀物には生命力と魔除けの呪力が備わっている」「鬼に豆をぶつけることにより邪気を追い払い、一年の無病息災を願う」という意味が込められています。

そんな節分の豆まきの際、使用される豆は炒り豆です。なぜわざわざ豆を炒《い》る必要があるのでしょうか？

節分の豆は、旧年の厄災を負って払い捨てられるものです。もし、撒《ま》いた豆から芽が出てきたら、せっかく払った厄災が再び襲いかかってきてしまい、豆まきをする意味がなくなってしまいます。

しかし、一度炒った豆からは、芽が出ることはありません。そのため、炒り豆が使用されるのです。

No.35

# ひな祭りは祝日だったことがある

「♪灯りを点けましょボンボリに〜」という
フレーズで有名なひな祭り。
雛《ひな》人形を飾って、菱餅《ひしもち》とあられを食べて、
甘酒を飲んで、という行事であることはわかりますが、そもそも何を祝うお祭りなのでしょうか？　それに、お祭りとはいいながら祝日に指定されていないのは、なぜなのでしょう？

ひな祭りは、女子の健やかな成長を祈るための行事です。雛人形を飾り、甘酒、ちらし寿司、ひなあられ、菱餅などをお供えします。何かの神様を祭るためのお祭りではなく、日本全国の女子に向けて行われるお祭りというわけです。

この日を「桃の節句」ともいいますが、節句とは「季節の変わり目のとき」という意味のこと。その日にお供え物や儀式などによって、無病息災や豊作などを祈る行事を執り行います。

実は明治6年に新暦が採用されるまで、ひな祭りの日は「五節句《ごせっく》」の一つとして祝日と認定されていました。

五節句とは、
人日《じんじつ》の節句／七草の節句（1月7日）
桃の節句／ひな祭り（3月3日）
端午《たんご》の節句／こどもの日（5月5日）
七夕（7月7日）
菊の節句（9月9日）
の五つ。

新暦採用によって、五節句の祝日は一旦廃止となりました。それが現在のような形になったのは、戦後のこと。新たな祝日を制定することになった際、桃の節句の3月3日、新年の始まりである4月1日、端午の節句の5月5日が候補に挙がりました。

このとき、祝日として5月5日の端午の節句が選ばれたのです。桃の節句も祝日になるチャンスはあったのですが、端午の節句に負けたというわけです。

端午の節句が祝日になったのは、3月や4月では気温の低い地域が多い一方、5月は全国的に温暖で、暮らしも活気づくからだということです。

No.36

# 織姫と彦星は生活が堕落したから離れ離れにされた

7月7日の七夕といえば、天《あま》の川《がわ》を挟んで離れ離れになってしまった織姫《おりひめ》と彦星《ひこぼし》が年に一度だけ会える日、という言い伝えが印象深いですが、実際のところはそんなロマンチックな話ではありませんでした。

昔々、天の川のそばには天の神が住んでいました。その一人が織姫です。織姫は機《はた》を織って神様たちの着物を作る仕事をしていました。この織姫のお婿さんとして天の神が探してきたのが、天の川の岸で牛を飼っている彦星という若者です。

この二人、結婚して仲の良い夫婦となったまではよかったのですが、すぐに仕事をしなくなり、遊んでばかりの生活を送るようになりました。当然、天の神は怒り、二人を離れ離れにしたのです。しかし織姫があまりにも悲しそうにしているのを見て、1年に一度、7月7日の夜にだけ、彦星と会ってもよいという許しが与えられたのです。

つまり二人は、堕落した生活に喝を入れられ、罰を与えられているだけ。これでは、自業自得な気もしてきます。

## No.37

# 夜でも虹が見える

虹は、太陽の光が空気中の水分に反射、屈折して起こる自然現象です。

さまざまな気象条件が重ならなければ虹は見ることができませんが、この条件を満たすのは、何も昼間に限ったことではありません。実は、見える可能性は低いものの、夜にも虹がかかることがあるのです。

その名も「月虹《げっこう》」。

太陽光と同じく、できる限り明るい夜でなければいけないため、まずは満月であることが必須です。

そして観測地点が暗いこと。この二点が揃えば、月虹が見られる可能性はグンと高くなります。

日本でもごくまれに観測できることがあるようですが、どうしても見たいという方は、海外へ行きましょう。

地球上で見える可能性が高い場所として有名なのが、ハワイのカウアイ島。

滅多に見ることのできない月虹を見た人には、幸せが訪れると言われています。

No.38

# 火星には太陽系で最も高い山がある

日本最大の山はご存じの通り富士山で、その標高は約3776メートルです。世界最高峰の山といえばエベレストで、その標高は富士山の約2・3倍の約8800メートルにもなります。

しかし、それらを遥かに凌駕する山が火星に存在するのです。

その名は「オリンポス山《さん》」。標高はなんとエベレストの約3倍である約2万6000メートルという超ド級のスケールです。裾野の傾斜は緩やかですが、その距離は550キロメートルにも及びます。

観測によって、オリンポス山は活火山であると推測されています。山頂のカルデラの直径は約70キロメートル、深さ約3・2キロメートルもあり、これだけでも富士山がすっぽりと収まってしまいますから、スケールの違いがわかります。

このオリンポス山が、太陽系で最大の山として君臨しているのです。

太陽系最高峰のオリンポス山

No.39

# 日本の特許第一号はかなり実用的

特許とは、ある発明に関する権利を一定期間独占してもいいとする権利です。

裏を返せば、新たに発見された技術や情報を、他人に盗まれることから保護しようという目的がそこにあります。

年間で30万件以上もの申請がある特許。そんな特許の日本史上第一号は、どんな商品なのでしょうか？

明治時代になった頃、欧米では既に特許制度が施行されていました。

これをかの福沢諭吉が自著『西洋事情外編』にて紹介、日本に持ち込んだ末、1885年4月18日に「専売特許条例」が公布されました。

この法令に基づき申請された特許第一号。それは「船底が浸食されるのを防ぐための塗料」でした。彫刻家であり漆工芸家である堀《ほっ》田瑞松《たずいしょう》によって、漆を主成分とした4種類の塗料が開発されたのです。

この塗料が見事に成功を収めたことで、堀田は1885年7月1日に特許出願、同年8月14日に特許を取得しました。

No.40

# 宇宙で出産した場合、子どもの国籍はどうなる？

将来的に考えて、地球の民間人が宇宙へ旅行に行ける日も遠くないのかもしれません。

さらにその先には、宇宙への移住計画も進むことでしょう。物理学者のミチオ・カク氏は、２０４５年に最初の火星移住が始まると予言しているほどですから、科学的に考えれば、おかしな話ではありません。

では、可能性は限りなく低い話ですが、現時点でもし宇宙で出産をした場合、赤ちゃんの国籍はどこになるのでしょうか？

国籍を語るには「生地主義」と「血統主義」という言葉を知る必要があります。

生地主義とは、出生地によって国籍を決められる方法です。

対して血統主義とは、両親の国籍によって子どもの国籍が決め

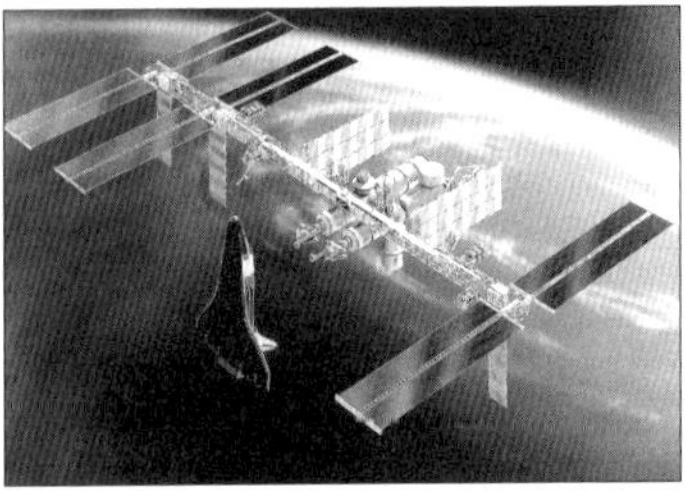

NASA による宇宙ステーションのイメージイラスト

られる方法です。

各国によってどちらかの主義がとられており、その国のルールに従う必要があります。

アメリカやカナダなどの国々では、生地主義がとられています。

例えば日本人の夫婦がアメリカで出産した場合、日本国籍を取るか、アメリカ国籍を取るか、その子ども自身が決める権利が与えられます。

一方、日本をはじめとした中国や韓国などの国々では、血統主義がとられています。

例えばアメリカ人の夫婦が日本で出産をしたとしても、日本の国籍を得ることはできません。

それではどこの国にも属さない宇宙空間で出産を迎えた場合はどうなるのでしょうか？

これには面白いルールがあり、「その宇宙船がどこの国の宇宙船であるか」というところがポイントです。

つまり、アメリカの宇宙船であれば「生地主義」が、日本の宇宙船であれば「血統主義」が適用されるというわけです。

No.41

# オーケストラの奏者の給料は同じ

日本語では管弦楽団とも呼ばれ、弦楽器、管楽器、打楽器から構成される「オーケストラ」。花形とも言えるバイオリンから、一見すると地味に見えるシンバルやトライアングルまで、さまざまな楽器がありますが、報酬に差はあるのでしょうか？

結論から言えば、答えはノーです。曲の頭から最後までを通しで演奏するバイオリンであろうが、最後の締めだけにしか使われない場合もあるシンバルまで、支給される報酬額は一律と言われています。オーケストラでは固定給、公演回数による歩合制など、いくつかの給与形態が存在しますが、多くのオーケストラは楽器による給与の差のない完全固定給制をとっているようです。

常に指を動かし、難しい譜面を完璧に弾きこなすバイオリンやフルートなどの有名な楽器は、なんとなく難易度の高さが窺えますが、シンバルも実は奏者によって奏でる音色に違いがあるのです。素人がジャーンと鳴らすのと、プロが鳴らすのとでは明らかに音色の深さが違うのです。

No.42

# 長良川の鵜飼いは国家公務員

鵜飼《うか》いは鳥の鵜を使って鮎《あゆ》を捕える漁のことです。歴史は非常に古く、１４００年前の書物にも記載があるほど。日本では14の地域で鵜飼いがされていますが、その中でも岐阜県で行われている長良川鵜飼《ながらがわうかい》は特殊で、なんと国家公務員に分類されているのです。

鵜を操る人を鵜匠《うしょう》といいます。鵜匠は喉を縄で絞められた鵜を使い、鮎を飲み込ませて漁を行います。喉が絞められているため、鵜は一定以上の大きさの鮎は完全に飲み込むことはできません。それを吐き出させることによって漁獲としているわけです。漁を行う船の先端にはかがり火が設置され、照明の役割を担うとともに、鮎が光に驚いて水面を跳ねさせる効果を持ちます。そこに鵜を向かわせて捕獲するといった具合です。

さて、そんな鵜飼いですが、長良川鵜飼は日本で唯一、皇室御用の鵜飼いです。正式な職名は「宮内庁式部職《しきぶしょく》鵜匠」。１８９０年、鵜飼いの伝統を存続させる目的から、政府は鵜匠に宮内省職員、つまり国家公務員の身分を与えたのです。

No.43

# 心中でも罪に問われる

その昔は、許されない恋に落ちた二人が、それでも愛を守り通すために、二人で死を選んだといいます。これが心中《しんじゅう》です。現代では、一家心中や無理心中などという言葉として使われることもあります。

では現代において、もし二人で心中した結果、自殺しきれずに一人だけ生き残ってしまったらどうなるのでしょうか？　実は刑法第202条「自殺関与罪」に問われ、6カ月以上7年以下の懲役または禁錮刑《きんこけい》となってしまうのです。

一人で自殺に失敗した場合は罪に問われないのに、図らずとも生き残ってしまった上に罪を科せられるのですから、何とも言えない心境でしょう。

しかしその期間で命の大切さを改めて確かめて欲しいものです。

なお、無理心中とは、一方が他方を殺害した後に、自殺を図るというものです。この場合は生き残ってしまうと、単純に「殺人罪」に問われ、それ相応の罰が与えられることになります。

No.44

# 日本は高齢化社会ではなく超高齢社会

社会の授業で、日本は高齢化社会だと習った覚えがある方は多いと思います。

確かに日本の高齢者人口は他国に比べて遥かに多いですし、それに伴う年金や医療費問題などのニュースが後を絶ちません。

しかし、現在の日本のことを高齢化社会とは言えないのです。

WHO（世界保健機関）や国連の定義では、総人口のうち65歳以上の高齢者が占める割合が7％を超えた社会を「高齢化社会」と呼びますが、この定義にはさらに上があります。

14％を超えた社会は「高齢社会」、21％を超えた社会は「超高齢社会」とされるのです。

日本はその割合が約28％に達していることから（「2019人口推計」総務省）、「高齢化社会」ではなく「超高齢社会」というのが正しいのです。

日本は世界的に見ても驚異的といえる速さで高齢化が進んでいます。

このままでは、2035年には33・4％となり、三人に一人が高齢者になると推測されているのです。

No.45

# 印鑑を「ハンコ」と呼ぶのはなぜ？

海外では多くの場合、本人の証明や責任の確認として直筆のサインを書きます。

しかし日本では、重要な書類には必ずと言っていいほど捺印《なついん》が必要です。

個人で持つ印鑑はたいてい名字だけのものですが、中にはフルネームが刻まれた豪勢なものもあります。

それだけ日本人にとってなじみの深い印鑑ですが、これを「ハンコ」と呼ぶのはなぜなのでしょう？

ハンコや印鑑は正式には「印章」と呼びます。印章を押すことを「押印《おういん》」「捺印」「押《おう》捺《なつ》」などと呼びますが、ハンコという言葉は「版行《はんこう》する」からきています。

版行とは、浮世絵などを版画にすることをいいます。この様子が印章を捺印することと似ていたため、「版行」が略されて「ハンコ」と呼ばれるようになり、「判子」という字があてられたのです。

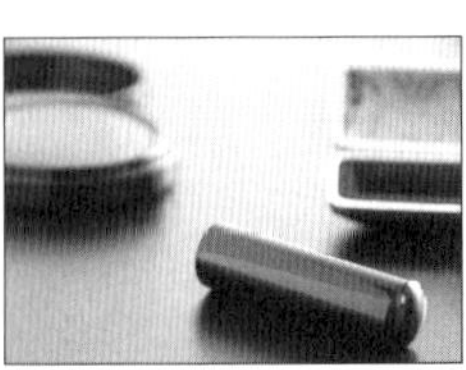

No.46

# 未成年でも成人になる方法がある

1月の第2月曜日は成人の日。

多くの人は、この成人式を迎えることによって成人になることを意識しますが、実はもっと早く成人になる方法があるのです。

男性は18歳で、女性は16歳で成人になる方法。そうです、結婚です。民法第７５３条に次のようにあります。

**未成年者が婚姻をしたときは、これによって成年に達したものとみなす。**

---

一度結婚してしまえば離婚をしても成人から未成年へと戻ることはできないので、極端な話で言えば離婚時も20歳未満での再婚時でも両親の同意は必要なくなります。

では飲酒、喫煙、選挙権などはどうなるのでしょうか？

成人に達したものとみなされるのはあくまでも民法上でのみの話。民法ではない未成年者飲酒禁止法、未成年者喫煙禁止法などは適用されないので、いずれも行うことはできないのです。

No.47

# 選挙で同票だった場合、当選者はくじ引きで決まる

街頭演説に挨拶回り、同党の議員候補の応援活動。選挙期間中の候補者たちの活動といったら、とても真似できないくらいアグレッシブです。

投票日はまさに決戦の日。国会議員選挙ともなると、テレビ番組で特番が組まれるほど注目が集まりますが、もし投票数が同じだった場合はどうなるのでしょうか？

公職選挙法によると、もし1位と2位の得票数が同じだった場合、なんと選挙長がくじ引きで当選者を決定するというのです。

実際、２０１４年舞鶴市議会議員選挙、２０１５年滑川町議会議員選挙、２０１５年大樹町議会議員選挙などでくじ引きが実施されました。くじ引きで決定される選挙の数は割りと多いのです。

なお、くじ引きで負けた候補者に対して、慰めとして次の特典があります。通常は90日以内である繰り上げ当選の期間が、当選人の任期中いっぱいまで延長されるのです。しかし、欠員が出ない場合は他の落選者と全く変わらない扱いを受けてしまいますが。

No.48

# 黒板は元は真っ黒だった

学校の教室からカフェのメニューボードまで、さまざまなシーンで黒板は使用されています。「黒板」と言うものの、その表面は緑色に加工されていますが、なぜ「緑板」ではなく「黒」という字があてられているのでしょうか？

黒板の起源は、フランスにあるとされています。その後アメリカに渡り、日本へは１８７２年の教育制度開始と同時にアメリカから持ち込まれました。これが英語で「black board（ブラックボード）」という名前だったので、直訳して「黒板」となったわけです。

黒板は、数年をかけて日本全土へ広がり、１８７５年頃には日本での生産が開始されました。当時の黒板は、墨汁を塗った上に柿渋《かきしぶ》などを上塗りして作られたもの。文字通り真っ黒な「黒板」だったのです。

それから時は流れ、１９５４年のこと。「黒地に白い文字よりも、緑地に白い文字の方が見やすい」という理由から、塗装の色は緑色にするようＪＩＳ規格（日本工業規格）に指定されたのです。

No.49

# 宿帳を記載するのは伝染病予防のため

ホテルや旅館にチェックインする際に必ず記入する宿泊者名簿、通称「宿帳」。ある理由から必ず記入しなければならないのですが、その理由とは何でしょうか？

実は、宿帳の記載は法律によって義務付けられています。その法律が、旅館業務について定めている「旅館業法」。この第６条で、宿泊施設担当者または宿泊者自身が、宿泊者の氏名、住所、職業、その他事項を記載することが義務化されているのです。

この宿帳は、忘れ物があった際や、宿泊者と何か連絡を取る必要がある場合に使用されると思われがちですが、本当の目的は異なります。

宿帳の真の目的は、感染症や食中毒があった場合、感染ルートを特定し、拡散を防止することにあるのです。

もし虚偽の記載をしていたことが判明した場合、１日以上30日未満の身柄の拘束、または１０００円以上１万円未満の罰金を科せられてしまいますので、くれぐれも申告は正直に行いましょう。

# 2章 食事の博学知識

No.50

# 「レストラン」は元々、料理名だった

レストランは、言わずもがな食事を提供する施設のことですが、元々は「食事をする場所」ではなく、なんと「食事」そのものを意味していました。

そもそもレストラン（restaurant）という言葉は、英語ではなくフランス語。「回復させる」ことを意味する言葉でした。

なぜレストランが回復なのか。それは、レストランの中身が関係しています。

というのも、フランス料理は肉と香味野菜からとるスープが使われていることが多く、栄養価が高いことで評判でした。

このスープが体力を回復させる料理だとして、「レストラン」と名付けられたのです。

18世紀末になると、この料理にあやかってパリに「レストラン」という名前の店がオープンします。これをきっかけに「レストラン」の認知は料理名からお店の名前へと変貌したのです。

レストランで食事をする人々

No.51

# 中華料理の回るテーブルは日本発祥

中華料理店に必ずと言っていいほど設置されているのが、あのクルクルと回転する大きなテーブルです。大人数でテーブルを囲むと、なんとも賑やかでたまりません。

そんな回転テーブルの発祥が日本だということを知っていますか？

回転テーブルは、東京都目黒区にある複合施設「目黒雅叙園《めぐろがじょえん》」の創業者である、細川力蔵によって考案されました。

雅叙園は、創業時は本格的な中華料理や日本料理を供する料亭でした。中でも中華料理は大皿で提供されることが多かったのですが、これでは料理が取り分けづらいというのが悩みの種でした。

そこで考案されたのが、回転テーブルです。このテーブルが評判を呼び、日本から本場中国へ、さらには世界へと広まっていったのです。

なお、回転テーブルの第一号は、今でも雅叙園で使用され続けているとのことです。

No.52

# 銀の食器は毒殺予防に使われていた

中世のヨーロッパでは、食事の際には銀の食器が使われていました。現在でも西洋圏でナイフやフォークなどに銀が使われることがあるのは、そのためです。その目的は、なんと毒殺を防ぐことにありました。

中世ヨーロッパ時代には、王侯貴族を対象にした毒による暗殺の被害が非常に多かったようです。最も多かったのは、食事に毒を混ぜ込むといった手法でした。

そこで毒物を口にしてしまうことを未然に防ぐために、器や皿、ナイフやフォークなどの食器類はすべて銀で作られたのです。

なぜ銀が使われたのでしょう？

それは、銀が当時暗殺で使われていた「硫《りゅう》砒鉄鉱《ひてっこう》」という毒物と接触すると、黒く変色する特質があるからです。このおかげで、食事に混入された硫砒鉄鉱毒を発見することができたのです。

なお、この毒物による暗殺はヨーロッパに限ったことではなく、古代の中国などでも同様でした。中国では毒を見つけるために、銀の箸を使っていたそうです。

No.53

# 副菜を「おかず」と呼ぶのはなぜ？

白米の「ごはん」に対して、魚や肉、野菜などで作られた副菜を「おかず」と呼びます。しかし、そもそも「おかず」とはどういった意味なのでしょうか？

室町時代、宮中や院に仕える女性の使用人の間では、「女房言葉」という隠語的な意味合いを持つ言葉が使われていました。

女房言葉の代表的な例として、言葉の頭に「お」を付けて丁寧な言い回しにするというものがあります。「おかず」もその女房言葉の一つでした。

「おかず」は元々は「数《かず》」を意味しており、「数を取り揃える」という意味が込められていました。

その後、「数」に「菜」という字をあてて、現在の「おかず（御菜）」という言葉として浸透したのです。

室町時代の調理風景

No.54

# 「ベジタリアン」は「野菜しか食べない人」ではない

ベジタリアンといえば、日本語では「菜食主義者」と言われ、動物から生成される食品以外、すなわち野菜しか食べないという印象が強いと思います。ですが、実際の意味は、少し違うようです。

ベジタリアンは、19世紀にマンチェスターの聖書教会の会員によって行われた、近代ベジタリアン運動によって生まれたとされます。穀物・野菜・豆類などの植物性食品のみを摂取しようという運動です。

しかし、ここで誕生した「ベジタリアン（vegetarian）」という言葉は、野菜を意味する「ベジタブル（vegetable）」が語源ではありません。「健全な／新鮮な／元気のある」という意味のラテン語「ベゲトゥス（vegetus）」が語源なのです。

その言葉の通り、野菜だけを食べるのがベジタリアンなのではなく、卵や乳製品などは本人の自由意思によって食べてよいとされているのです。

No.55

# バランにまつわるややこしい雑学

お弁当などの仕切りとして使われている、緑色のギザギザした葉っぱのようなものの名前は何でしょう、と聞かれたら「バラン」と答えられる人は多いでしょう。

一昔前ではそれだけで雑学になりましたが、今回はさらに一歩踏み込んでみます。

バランを使う目的は、おかずとおかずがくっついて色や味が混ざってしまわないようにすることです。

一般的なのは、プラスチックでできた、いわゆるニセモノの葉っぱのバランです。ニセモノがあるということは、ホンモノもあるということ。

ホンモノの葉っぱを使ったバランは、正式名称を「ハラン（葉蘭）」といいます。

実は、ホンモノの葉蘭とニセモノの葉蘭を区別する目的として、ニセモノは「バラン」と呼ばれるようになったのです。

しかし、この葉蘭の語源は中国語の「馬《ば》蘭《らん》」だというのですから、なんだかややこしい語源をもった言葉なのです。

No.56

# ホットドッグは「熱い犬」?

日本語に直訳するとおかしな英単語はいくつもあります。「ホットドッグ（Hot Dog）」もその一つで、直訳すると「熱い犬」という意味になってしまいます。いったいどうしてそのような変わった名前で呼ばれるようになったのでしょうか?

そもそもホットドッグは、ソーセージを売っていた屋台が、熱々のソーセージをお客さんに提供したいという思いからパンに挟んで提供しだした、というのが起源のようです。

ではそれがなぜ「ホットドッグ」と呼ばれるようになったのでしょうか?

これには、ソーセージの見た目が影響しています。パンに挟まれたフランクフルトは、胴長の猟犬ダックスフントに似ていることから、ダックスフントソーセージという愛称が付けられていました。これがスポーツ観戦をしながら手軽に食べられるとして人気を博していきます。そして、新聞のスポーツ漫画に、パンに挟まれた熱々の犬の絵と共に「ホットドッグ」と書かれていたことから、瞬く間に反響を呼び、親しまれていったのです。

No.57

# ビフテキはビーフステーキの略ではないが……

分厚い牛肉のスライスを豪快に焼いたビフテキ。かつては高級食とされたビフテキですが、今では大衆食になってきたのか、飲食店で気軽に食べられるようになりました。

このビフテキをビーフステーキの略語だと思っている方は多いと思いますが、実はそれは少し違うのです。

ビフテキとは、フランス語でビーフステーキを意味する「ビフテック（bifteck）」が、日本語風に発音されたものです。ビーフステーキの略ではありません。

では、ビフテックの語源は何なのでしょうか？　実はややこしいことに、ビフテックの語源は、英語のビーフステーキなのです。

ということは、ビフテキは間接的にビーフステーキの略語、と言うこともできるのかもしれません。

さらに話をややこしくすると、英語のビーフは、フランス語で牛を意味する「ブッフ」が語源であると言われています。

No.58

# 肉の焼き加減は10段階もある

一般的に「レア」「ミディアム」「ウェルダン」の3種類で分けられる肉の焼き加減。

ステーキ専門店やちょっと高級なお店では「ミディアムレア」も選択できますが、多くてもやはり4種類です。

しかし実は、肉の焼き加減には10段階もあるのです。表の上にあるものほど生肉に近く、下にあるほどよく火を通した焼き加減です。いかがですか？　お気に召す焼き加減はありますか。ちなみに筆者はベリーウェルダンが好みです。

| 名称 | 焼き加減 |
|---|---|
| ロー | 完全に生の状態 |
| ブルー | 数秒焼いた状態 |
| ブルーレア | 数十秒焼いた状態 |
| レア | 余熱などで55～60度程度火を通した状態 |
| ミディアムレア | 中にまだ赤みが残っていて<br>切ると多少血がにじむぐらいの状態 |
| ミディアム | 中心部がうっすらピンクがかっている状態 |
| ミディアムウェル | ミディアムとウェルの中間 |
| ウェル | よく焼いた状態 |
| ウェルダン | ナイフで切っても肉汁はほとんど出ない状態 |
| ベリーウェルダン | ナイフで切っても肉汁が出ない状態 |

No.59

# 高級な肉牛はビールを飲んで育つ？

　松阪牛《まつさかうし》や神戸ビーフなど、高級ブランド牛肉は誰しも一度は食べてみたいもの。

　それらの肉牛は、肉の品質を上げるために趣向を凝らしたさまざまな飼育がされているという噂があります。その中の一つが、飼育段階で牛にビールを飲ませるというもの。本当なのでしょうか？

　肉牛の肥育では、穀物類を与えることがメインで放牧を行うことはなく、3年間程度飼育されます。しかし肉牛は、飼育末期になると食欲が落ちる「食い止まり」という現象に陥ってしまいます。この状態を改善するために、ビールを飲ませるのです。これによって胃内の発酵状態が改善されて食欲増進に通じ、より肉付きがよくなるのです。

　この改善効果は、獣医学的にも優れた効果であると実証されているのだそうです。他にも、食事の時間に音楽を流したり、筋肉をマッサージしたりする飼育方法もあるのだとか。しかしすべての肥育農家がこれらを行っているとは限らず、あくまでも「行っている農家は存在する」という程度のようです。

No.60

# 湯豆腐に昆布を敷く正しい理由

豆腐の味を純粋に楽しめる、冬の寒さにぴったりな食べ物。そう、湯豆腐です。用意するものは豆腐と水と昆布だけというお手軽さですが、このとき昆布を使う理由をご存じでしょうか？

昆布からダシが出ることは言わずもがな。しかし、湯豆腐にとって昆布を敷く理由はそれだけではありません。その証拠に、本来昆布でダシを取った後、その昆布は鍋から取り出しますが、湯豆腐の場合はそのままにしておくものです。

実は、昆布には緩衝材のような役割があります。豆腐は急激に茹でてしまうと固くなったり、中に隙間が空いたりしてしまい、豆腐本来の味と品質を損なってしまいます。

これを防ぐために鍋底に敷いた昆布に一旦熱を吸収させることで、豆腐が急激に茹で上がるのを抑えているのです。

なお、昆布がない場合は適量の塩でも同じ効果が得られます。

No.61

# 海中で昆布はダシが出ないのはなぜ？

日本料理には欠かすことのできない昆布ダシ。誰しも一度は「なぜ海の中でダシが出ないんだろう」と思ったことがあるはずです。もしかしたら海の中でも昆布ダシが出ているのでしょうか？

結論から言えば、海の中にある昆布からはダシとなる旨味成分は出ていません。厳密に言えば、「生きている」昆布からはダシは出ていないということです。

昆布ダシが取れるのは、昆布が死に、細胞が壊れることによって旨味成分が体外へ排出されるからです。

生きている昆布にとって、この旨味成分は重要なタンパク質になるので、決して体外へは排出されません。しかし死んでいる昆布であれば、海の中であろうが冷水であろうがどちらでもダシを取ることができるのです。

なお、ダシを取る際は主に乾燥した昆布を使いますが、これは乾燥させる工程で、旨味成分の一つであるアミノ酸が昆布の中に濃縮されていき、より美味しいダシが取れるからです。

No.62

# 天然イクラと人工イクラの見分け方

海産物の中でも特に高級なイメージのあるイクラ。常に天然物を食べている食通でも、なかなか本物と偽物の区別がつきづらい食品でもあります。

しかし、これらを簡単に見分ける方法が実はあるのです。

用意するものは水だけ。この水を沸騰させ、その中にイクラを投入してみましょう。

天然物のイクラの場合、成分はタンパク質でできています。タンパク質は高温で色が変化する性質があるため、イクラは白っぽく変色します。

しかしこれが人工イクラの場合、タンパク質が少ない上に着色料で色付けをしているため、イクラの赤い色はほとんど変わることはありません。

お寿司屋さんなどでイクラの質を確かめたい場合は、お茶の中にこっそりと一粒落としてみるとよいでしょう。

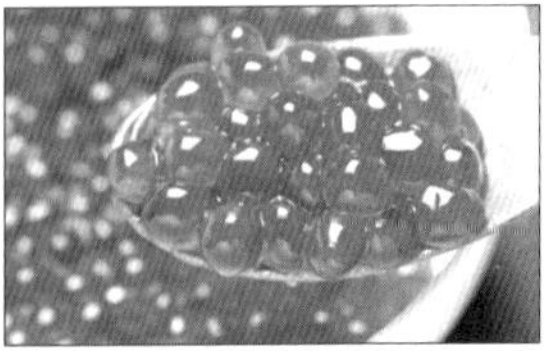

No.63

# カニ味噌の正体は脳ではない

茹でたカニの甲羅をパカッと開けると、緑がかった茶色をしたペースト状の味噌が姿を現します。

「カニ味噌がなくては、カニを食べた気がしない」という方も多いでしょうが、このカニ味噌の正体が何かご存じですか？

脳みそや卵と思っている方は少なくないかもしれませんが、それは誤り。

実はカニ味噌は、人間でいうところの肝臓とすい臓なのです。

人間と違うのは、肝臓とすい臓に分かれているわけではなく、一つの臓器として合体しているという点です。

この臓器は中腸腺《ちゅうちょうせん》や肝すい臓と呼ばれ、カニなどの節足動物や軟体動物において、消化を助けたり栄養を蓄えたりする機能を持っています。

これなら、あの独特なコクのある味わいが、レバーやフォアグラなどと似ているように思えるのも納得です。

No.64

# みりん風調味料とみりんの違いはアルコールの含有量

調味料のみりんのラベルをよく見ると「みりん風調味料」と書いてあるものがあります。「みりん風」ということは、本物のみりんではない、ということなのでしょうか？その違いを探ってみましょう。

そもそもみりんとは、約40～50％の糖分と、14％程度のアルコール分を含んでいるものを指します。

これを「本みりん」といい、アルコール飲料として分類され、当然酒税法によって酒税が徴収されます。江戸時代に清酒が開発されるまでは、甘みがある高級酒に分類され、アルコール飲料として飲まれていました。

一方のみりん風調味料とは、アルコール分を1％未満に抑えたもの。

これによって酒税がかかることはなくなりますが、本みりんと比べると酸化や腐敗など、品質の劣化が早いため、開封後は速やかに使い切る必要があります。

No.65

# 中華調味料である XO醤の「XO」とは？

中華料理で欠かすことのできない調味料として、XO醤があります。歴史は意外に浅く、1980年代に香港で誕生しました。

XO醤の「醤《じゃん》」とは、中国語で「ペースト状の調味料」のことを指しますが、「XO」とはどういう意味なのでしょうか？　実はブランデーの最高品質を意味する「XO」から取って付けられたものです。

ブランデーは果実から作られる蒸留酒で、数年間樽の中で熟成されて完成されます。この熟成期間によってブランデーの品質はランク付けされているのです。

つまりブランデーの最高品質XOランクにちなみ、「最高の調味料」という意味を込めてXO醤と名付けられたのです。

| | |
|---|---|
| 1つ星 | 3〜4年熟成させたもの |
| 2つ星 | 5〜6年熟成させたもの |
| 3つ星 | 7〜10年熟成させたもの |
| VO | Very Old（とても古いブランデー）の略<br>11〜15年熟成させたもの |
| VSO | Very Superior Old<br>（とても優れた古いブランデー）の略<br>16〜20年熟成させたもの |
| VSOP | Very Superior Old Pale<br>（とても優れた古い澄んだブランデー）の略<br>20〜30年熟成させたもの |
| XO | EXtra Old（最高に古い）の略<br>44〜45年熟成させたもの |

No.66

# バルサミコ酢の「バルサミコ」は製造法のこと

　バルサミコ酢といえば、高級なお酢の一種という認識が強いでしょう。バルサミコ地方で作られるお酢なのかな？　と思っている方が多いと思いますが、そうではありません。

　バルサミコ酢は、ブドウを主原料とした果実酢の一つです。ブドウの果汁を煮詰め、木の樽に詰めて熟成させます。熟成の過程で自然蒸散して量が減っていくので、クリやサクラなどの異なる木材でできた樽に移し替えながら熟成させます。この木材の違いが、お酢に含まれる香りやコクを左右するのです。

「バルサミコ」とは、この製法を元に付けられた名前で、日本語に訳すと「芳じゅんな香り」という意味になるのです。

　ちなみにバルサミコ酢はイタリアで作られる酢で、フランスで作られるワインビネガーと同じく、ブドウを主原料としています。

　ワインビネガーは、ブドウの果汁にリイン酵母を加え、もろみを醸造します。このもろみに酢酸菌《さくさんきん》を加え発酵させたのち、ワインを継ぎ足し、長期間熟成させて完成させます。原料が同じでも、完成品はこうも違うのです。

No.67

# ウスターソースの「ウスター」は地名

揚げ物にかけるとおいしいウスターソース。他のソースと比べて「薄い」から「ウス」ターソースなのでしょうか？　いえいえ、そんなことはありません。

ソースは大きくウスターソース、中濃ソース、濃厚ソースの三つに分かれます。

これらの違いは粘度《ねんど》、すなわちドロドロかサラサラかによって分類されます。粘度はパスカル秒という単位で表します。ウスターソースは粘度が０・２パスカル秒未満のもので、とてもサラサラしたソースであるとされます。といっても、「薄い」「サラサラした」という言葉は「ウスター」と関係ありません。

ウスターソースが誕生したのは、１８００年代初頭。イギリスのウスターシャーに住む主婦によって開発されたといいます。

つまりウスターソースの「ウスター」とは、地名のことだったのです。

なお、ソースが完成したのは偶然とも思えるようなことで「余った野菜などの食材に調味料を混ぜ込んで保存したら、ソースができていた」といいます。

No.68

# 育つ環境によって野菜は水に浮くか沈むかが決まる

野菜を水にさらすと、水に浮くものと沈むものに分かれます。これには、野菜が育つ環境が大きく関係しています。

キュウリやピーマン、ナスなど、地上で育った野菜は水に浮きます。逆にニンジンやジャガイモといった地中で育った野菜は、水に沈むのです。レンコンのように、穴が沢山開いている野菜でも、地中で育てば水に沈みます。

この差は、空気密度の違いによって生じます。地上で育つ野菜は空気の密度が非常に多く、水に浮きやすいのです。逆に、地中で育つ野菜にはあまり空気は入っていません。雨などでぬかるんだ土壌で野菜が浮いてこないように進化を遂げたと言われます。

ただし中には例外があります。その代表格がトマトです。トマトは地上で育つ野菜なので浮くはずなのですが、沈むトマトもあります。これには成熟度合いが関係しており、熟したトマトは水に沈みますが、まだ若いトマトは水に浮いてしまいます。また、タマネギは成熟度合いに関係なく、地中でできる野菜なのに水に浮くという特性を持っています。

No.69

# トウモロコシの粒は必ず偶数

トウモロコシの粒、いわゆるコーンとされる部分は、必ず偶数であるといいます。

不思議に思うかもしれませんが、これにはトウモロコシの成長過程が大きく関係しており、その理由を聞くと納得できます。

トウモロコシは、一つの茎に雄花《おばな》と雌花《めばな》という二種類の花ができます。雄花から出た花粉が風に乗って飛び散り、雌花の雌しべであるヒゲに付着することで受粉し、次の子孫を残していきます。

このうち、コーンは雌花の部分にあたります。雄花の固まりは「雄穂《ゆうすい》」、雌花の固まりは「雌穂《しすい》」と呼びます。つまりトウモロコシの粒は、雌穂の塊というわけです。

この雌穂は、成長過程において二つに分裂するという特性を持っています。つまり、偶数×偶数＝偶数。奇数×偶数＝偶数になる通り、雌穂が奇数であろうが偶数であろうが、必ず粒の数は偶数になるのです。

No.70

# 朝鮮人参はニンジンの仲間ではない

朝鮮で採れる人参だから朝鮮人参。漢方薬として認知度が高いものです。その名称から野菜であるニンジンの一種と思われがちですが、実は全く異なる食べ物なのです。

野菜のニンジンはセリ科の食べ物ですが、朝鮮人参はウコギ科の多年草で、仲間でもなんでもありません。

元々は、ニンジンといえば薬草でもある朝鮮人参を指していました。しかし、セリ科の形の似ている野菜が発見されると、セリニンジンと呼ばれ、次第に野菜のニンジンの方が一般的になったのです。

朝鮮人参は主に滋養強壮や糖尿病、動脈硬化などに有効であるとされます。また、他の漢方薬と併用するとその漢方薬の効果を高めることから、色々な漢方薬と調合されて飲まれる機会が多いのです。

しかし、いいことばかりではなく、注意が必要な面もあります。特に肝臓や腎臓の機能が低下している人、風邪などによって炎症を起こしているときは、効能がマイナスに作用してしまいますので注意が必要です。

No.71

# バナナの木は、本当は草

人類は、長い歴史をかけてバナナを品種改良してきました。本来、野生のバナナは種が存在しますが、流通するバナナのほとんどは、品種改良によって種がなくなっています。

種がないのにどうやって次のバナナが生《な》るのか不思議ではありますが、収穫した後は根本を切り倒すことで、その根本からまた新しい芽が出てバナナが生るのです。

さて、そんなバナナの実《み》は、高いもので10メートルもの場所に生ります。一見すると木に生る植物のようですが、実際には、バナナは多年草の草なのです。

その分類は、ショウガ目バショウ科バショウ属の多年草で、３００種以上もの種類が存在すると言われています。種によっては毒を有するものもあります。草ということから、正確には果物ではなく、野菜の仲間であるという見解もあります。

海外では、草の繊維は布などに利用され、茎の部分は家畜用の餌としても用いられます。まさしく、草として活用されているわけです。

No.72

# 栗の種は実だと思って食べている部分

どんな果物や野菜にも、必ず種があります。バナナのようにタネのない品種は、人の手によって品種改良されたものであり、野生のバナナにはタネがあるのです。

しかし、栗のタネというのは見たことがないような気がします。いったいどこにあるのでしょう?

栗を食べる際には、まずトゲトゲの毬《いが》を割ります。すると中から茶色の硬い殻が出てきます。天津甘栗などでは、この殻がついた状態で売られているので、馴染み深いと思います。この硬い殻を割ると、さらに中には薄皮が1枚あることがわかります。

その中の柔らかな実を食べるのですが、実はこの実こそが栗のタネなのです。同じように、クルミも非常に硬い殻に覆われ、その中身を食べますが、あの実こそが種なのです。

では栗を栽培したい場合、いつも食べている部分を植えると木が生えてくるのかといえば、それは違います。栗の硬い殻に覆われた状態で植えなければ、栗の木が生えてくることはありません。

No.73

# イチゴのつぶつぶは種ではない

イチゴはバラ科の多年草であり、野菜に分類されることも多い植物です。

日本には江戸時代にオランダから伝えられたので、正式な名称はオランダイチゴといいます。

そんなイチゴですが、表面のつぶつぶが種で、赤くてふっくらとした部分が果肉とお思いの方が多いでしょう。中にはこのつぶつぶが気持ち悪くてイチゴが嫌いだという人もいるとか。

しかし実は、あのつぶつぶは種ではなく、果肉なのです。

実の部分だと思われがちなイチゴの赤い部分は、茎が肥大して成長した部分であり、偽《ぎ》果《か》と呼ばれます。

一方のつぶつぶは、その一粒一粒が痩果《そうか》と呼ばれる果実なのです。そのため、イチゴの種はこの痩果の中に入っているというわけです。

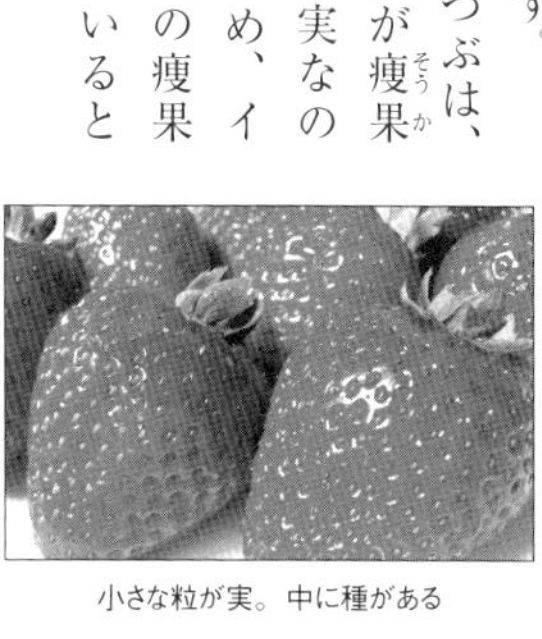

小さな粒が実。中に種がある

No.74

# ミカンの白い筋の名前は「アルベド」

ミカンの皮を食べる人はまずいないでしょうが、白い筋の部分はキレイに取り除いてから食べる方も多いでしょう。今回はそんなミカンの白い筋についてのお話です。

ミカンは、「甘い柑橘類《かんきつるい》」ということから漢字では「蜜柑」と記されます。その名の通り、甘味度が高いのもさることながら、栄養価が高いことでも知られています。

このミカンについている白い筋。その名を「アルベド」といいます。アルベドにはコレステロール値の抑制、血流改善、抗アレルギー作用、発ガン抑制作用などが期待できるポリフェノールが非常に多く含まれています。その含有量は、ミカンの果実のなんと100倍。ミカンの果実を包んでいる袋状の薄皮も、ポリフェノールが果実の50倍もあります。

つまり、ミカンは外皮を剥いたらそのまま食べるのが最も身体にいいのです。

No.75

# パイナップルを食べると口の中が痛くなる理由

パイナップルを食べると、口の中がピリピリと痛くなることがあります。しかし、同じパイナップルでも、缶詰のパイナップルを食べて口の中が痛くなることはありません。何が違うのでしょうか？

パイナップルには「ブロメライン」という成分が含まれています。このブロメラインはタンパク質を分解する強力な酵素を持っています。人間の体はタンパク質でできているので、この酵素のせいで口の中のタンパク質が破壊され、痛みを感じるのです。

---

ブロメラインは熱に弱い性質を持っており、60度程度で分解します。加熱殺菌処理をされている缶詰のパイナップルや、酢豚などに入っているパイナップルを食べても口の中が痛くならないのはこのためです。

しかし、ブロメラインは単にタンパク質を分解するだけではありません。関節炎などの炎症を抑えたり、感染症を防ぐ働きをしてくれたり、消化を助けてくれるなど、体にとっていい作用をもたらしてくれる酵素でもあるのです。

No.76

# 「マスカット」は正式名称ではない

ブドウといえば、紫色の果物。ではブドウの一品種で黄緑色のフルーツは？　マスカットですよね。それでは、日本で消費されるマスカットの正式名称を言えますか？

マスカットは、数あるブドウの中でも最古の品種の一つです。日本で栽培が本格化したのは、１８８６年のこと。岡山県においてでした。

このときに岡山県で栽培されたのが、「ブドウの女王」という異名を持つ「マスカット・オブ・アレキサンドリア」です。

マスカット・オブ・アレキサンドリアは品種名ですが、日本で栽培されるほぼすべてのマスカットはマスカット・オブ・アレキサンドリアです。マスカットの中には黄緑色以外のものもありますが、日本ではもっと狭い範囲でこの言葉が使われているのです。

なお、日本で栽培されるほとんどのマスカット・オブ・アレキサンドリアは岡山県で栽培されており、その生産量は国内の90％以上にのぼるというから驚きです。

No.77

# 同じブドウから作るのにワインが赤と白になる理由

ワインには、言わずもがな赤ワインと白ワインがあります。これらはともにブドウから作られるものですが、製造過程においてどのワインになるかが決まるのです。

ワインはブドウを発酵させて作られます。大量のブドウを桶に入れて足で踏み潰しているシーンを、テレビなどで見たことがあるかと思います。赤ワインも白ワインも、まずブドウをすり潰すところから始まります。

赤ワインの場合、そのままブドウに手を加えずに皮と果肉を残したまま発酵させます。そうすることで、皮と果肉の間にあるタンニンという成分によって、ワインは赤く染まり、独特の渋みと酸味が生まれるのです。

一方の白ワインは、発酵前に皮と種が取り除かれます。つまりタンニンが含まれていない分、さっぱりとした味わいになるのです。

また、ピンク色をしたロゼもワインの一種です。赤ワインと白ワインの中間のようなワインで、発酵の途中で皮を取り除いて作ります。そうすることで、淡いピンク色のワインができあがるのです。

No.78

# ノンアルコール飲料でも酔っぱらう

近年では、ノンアルコールビールやノンアルコールカクテルなど、さまざまなノンアルコール飲料が販売されています。

しかし、いくらノンアルコールと言えども、ものによっては飲みすぎると酔っ払ってしまう危険性があるのです。

日本では、2002年に施行された改正道路交通法により、それまでより飲酒運転による罰則が厳しくなりました。そうした背景もあって、アルコールが入っていないけどアルコール飲料を飲んだ気分を味わえる「ノンアルコール飲料」が登場しました。

現在ではアルコール含量0・00%の、本当の意味でのノンアルコール飲料が多く販売されていますが、法律的にはアルコール含量1%未満であれば、ノンアルコールを名乗っていいのです。

実際に日本で販売されているノンアルコール飲料は、0・5%のアルコールが含まれていることが多く、ノンアルコールと言えども飲みすぎると飲酒運転検問で酒気帯びとして判定されることがあるので注意が必要です。

No.79

# お茶は日本からヨーロッパに伝わった

日本といえば緑茶。中国といえばウーロン茶。そしてヨーロッパといえば紅茶。ハッキリとした記録は残されていませんが、お茶は奈良時代には中国から日本に伝来したといいます。そしてヨーロッパへお茶が伝来したのには、日本が大きく関わっているのです。

実は、ヨーロッパにお茶を伝えたのは、本場中国ではありません。1609年、オランダが長崎の平戸に商館を設けたのをきっかけとし、日本のお茶がインドネシアを経由してヨーロッパに輸出されたのが起源とされています。そのため、ヨーロッパでは当初、日本の緑茶が飲まれていたのです。

お茶を意味する英語は「tea」ですが、当時は「cha（茶）」と呼ばれていました。その後お茶は東インドの会社によって中国から輸入されるようになり、chaという呼び名も、中国の福建省の方言であるtea《テー》と呼ばれるようになったのです。

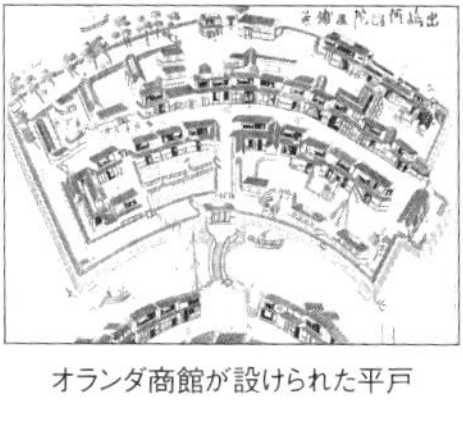

オランダ商館が設けられた平戸

No.80

# ペットボトルのお茶にビタミンCが入っている理由

ペットボトルのお茶のラベルを見てみると、どのメーカーのお茶にも「ビタミンC」が含まれていることがわかります。

なぜお茶にビタミンCを添加する必要があるのでしょうか?

このビタミンCには二つの意味があります。まず一つ目は、お茶の品質の劣化を防ぐため。すべての食品や飲料水は酸化することによって劣化し、変色やカビの繁殖などの原因を作ってしまいます。

しかし、逆にお茶の成分より酸化しやすいビタミンCを入れることにより、まずはビタミンCから酸化が始まるため、結果的にお茶自体の品質を長い間維持できるというわけです。

二つ目の理由は大手飲料水メーカーのサントリーによると、製造工程で失われる、緑茶本来のビタミンCを補うためとされています。緑茶以外のウーロン茶や紅茶においても、お茶の葉を茶葉に加工する段階や抽出する段階で失われてしまうため、それを補うために添加しているそうです。

No.81

# コーヒーの語源はアラビア語？

コーヒーのことを、日本では漢字で「珈琲」と書きますが、この漢字が作られる以前は「可否」「可非」「骨非」「骨喜」など、さまざまな漢字があてられていました。1800年前後の江戸時代後期から、こうした漢字が用いられたといいます。

なんとなく、コーヒーはアメリカから伝来してきたイメージがありますが、それは間違い。

コーヒーが飲まれだしたのは11世紀頃、アラビア人が最初だと言われています。ヨーロッパから長崎を通して日本に輸入されていましたが、当時は薬として飲まれていました。次第に薬から嗜好品として広く飲まれるようになったのです。

コーヒーの語源は諸説ありますが、エジプトでコーヒーを意味する「カーファ」と呼ばれていた、という説があります。これが徐々に転化して「コーフィー」となり、江戸時代に日本に伝えられたときには「コーヒー」と聞こえたのです。

No.82

# 「ミルクティー」と「ロイヤルミルクティー」の違い

ミルクティーは自動販売機でも販売され、気軽に飲むことのできるお茶です。

さらに高級そうなパッケージで「ロイヤルミルクティー」というものがありますが、普通のミルクティーと何が違うのでしょうか？

ロイヤルミルクティーは普通のミルクティーに比べて高級な茶葉やミルクを使用している、またはミルクの比率が多いと思っていた方は間違いです。

両者の違いは、製法です。ミルクティーはお湯などで煮出した紅茶にミルクを入れて完成ですが、ロイヤルミルクティーはその製法が異なり、茶葉を直接牛乳で煮出すのです。

ちなみに「ロイヤルミルクティー」という言葉は和製英語で、本場イギリスをはじめとする英語圏では「シチュードティー」と呼ばれています。ロイヤルミルクティーという言葉は、紅茶メーカーのリプトンによって広められたのです。

No.83

# 羊羹は元々スープ料理だった

羊羹《ようかん》といえば、小豆で作った餡《あん》を型に流し込み、寒天で固めた和菓子のことです。

しかしなぜ羊羹という字には「羊」が使われているのでしょうか？　それは羊羹が現在とは全く異なる食べ物だったからなのです。

羊羹とは、「羊の羹《あつもの》」と書くように、本来は羊の肉を入れて作られるお吸い物を指していました。このスープが冷えると、肉に含まれるゼラチンのせいで自然と煮こごりの状態へと変化してしまいます。これが、お菓子の羊羹の原型であるとされます。


元々、中国の料理であった羊羹は、鎌倉時代から室町時代の間に禅僧によって日本へと伝わりました。

しかし、禅宗では肉料理を口にすることは禁じられていたので、肉の代わりに小豆を入れた羊羹が作られるようになりました。これが現代におけるお菓子の羊羹のルーツとなったのです。

No.84

# 日本のシュークリームは昔風？

シュークリームの「シュー」は「キャベツ」のことである、というのは認知度の高い雑学です。それでは、シュークリームの正式名称があることは知っていましたか？

そもそも「シュー」は、フランス語でキャベツやハクサイなどの野菜を総称する言葉のこと。その見た目が「キャベツ」に似ているということが、シュークリームの由来です。

しかし、実はシュークリームという言葉は日本独自のもの。空洞になるように焼いた生地の中にクリームを入れることから、フランス語の「シュー」と英語の「クリーム」を足した和製英語なのです。本場フランスではシュークリームのことを「シュー・ア・ラ・クレーム」と言い、英語圏では「クリーム・パフ」などと呼ばれます。

ちなみに、本場フランスでは日本でみるシュークリームは一昔前のお菓子と思われているようで、「シュー・ア・ランシエンヌ（昔風シュークリーム）」と呼ばれています。同じシュー生地を使用したエクレアなどの方が人気が高いようです。

No.85

# かっぱえびせんの「かっぱ」の意味

「やめられない、とまらない」がキャッチコピーであるカルビーのかっぱえびせん。1964年1月1日から当商品は販売が開始されたのですが、パッケージに描かれているのはエビの絵だけ。問題の「かっぱ」はいったいどういう意味なのでしょうか？

実は、かっぱえびせんの前身となるお菓子が存在します。それが1955年に発売された「かっぱあられ」というお菓子。現在のかっぱえびせんと同じスナック菓子ですが、そのパッケージイラストには、当時流行っていたマンガ『かっぱ天国』のかっぱのキャラクターが起用されていました。

かっぱあられはかっぱえびせんに一新された際、かっぱのキャラクターはいなくなり、名前だけが残って現在の形となったのです。

ちなみに、カルビーは「健康にいい、栄養のあるお菓子をつくる」をモットーとしており、お菓子の中にエビを入れようと考えられたのもこのため。カルビーとは、「カルシウム」と「ビタミンB1」を足した造語なのです。

No.86

# クラッカー表面の穴の意味

サクサクの食感が癖になるクラッカー。

よく見ると、市販されているどのメーカーのクラッカーにも、表面には均一にプツプツとした穴が開いているのがわかります。この穴は何のために開いているのでしょうか？

クラッカーの生地は油分が少ないため、中にガスが溜まってしまいます。このガスを溜まったままにしておくと、焼きあがった時に生地の表面がデコボコになり、見た目が悪くなってしまいます。

そこで、あらかじめフォークの先端などでプツプツと穴を開けることで、ガスの逃げ道を作っているのです。

この穴を開ける作業を「ピケ」といい、パイやお菓子を作るときにも行われます。いずれも、完成後の型崩れを防ぐことが目的です。

ちなみに、ビスケットなどの生地は油分や糖分が多く柔らかいため、ピケを開ける必要はありません。

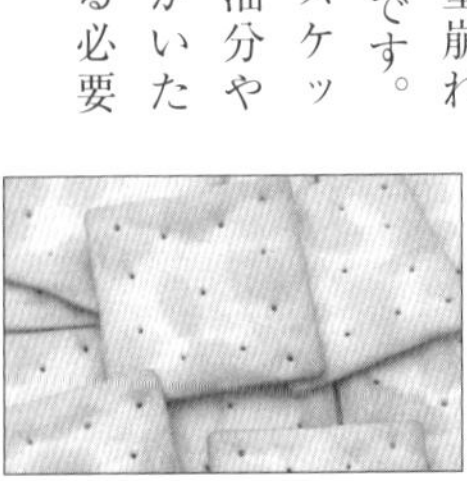

ガスの逃げ道として開けられたピケ

No.87

# うなぎパイはなぜ「夜のお菓子」？

静岡の銘菓である「うなぎパイ」。「夜のお菓子」というよからぬ想像をかき立てるキャッチフレーズが有名ですが、本来は全く別の意味が込められていました。

うなぎパイは1949年に創業された老舗和菓子屋「春華堂《しゅんかどう》」によって製造販売されています。販売開始当初、東海道新幹線や東名高速道路の開通が重なり、静岡の名産物として全国的に知名度を高めていきました。生地にはウナギのエキスが練り込まれており、「夜のお菓子」というキャッチフレーズが見事に「ウナギ＝精力増強」というイメージを根付かせました。

しかし本来は「お土産に選んで頂き、夜の一家団欒のひと時を楽しんで欲しい」という想いが込められたキャッチフレーズなのです。

とはいえ、ヒットのきっかけになったキャッチフレーズの意味を、同社はわざわざ否定しませんでした。むしろ、精力増強をイメージさせる赤マムシドリンクをヒントに、パッケージデザインも赤と黒をモチーフにした色合いに変更したほどです。

No.88

# 温泉宿に茶菓子があるのは貧血予防のため

温泉などが併設されている旅館の客間には、必ずと言っていいほどお茶とお菓子が用意されています。

実は、このお茶やお菓子には意味があり、「こんな商品をお土産で売っていますよ」という宣伝目的ではないのです。

温泉やお風呂などは、入浴しているだけでウォーキングに相当する体力を消費するとされます。もし、空腹の状態で入浴してしまうと貧血を引き起こし、最悪の場合は低血糖まで引き起こしてしまいます。

このような症状を予防するために、客間にはお菓子が置かれています。お菓子はお客さんの空腹を予防するとともに、血糖値を上げる役割を担っているのです。

そして、お茶も入浴前に飲むことが望ましいとされます。水分補給をすることによって入浴時の脱水症状を予防する上、お茶に含まれるビタミンCが湯あたりを防ぐ効果もあるのです。

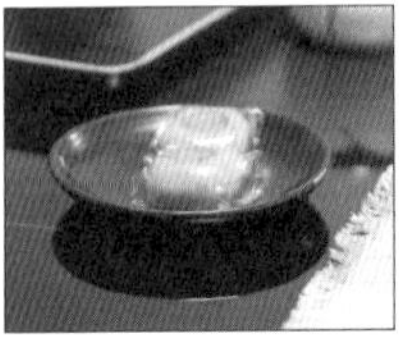

No.89

# ラーメンの丼の模様には意味がある

ラーメンの絵を描いてくださいと言われれば、誰しもが古典的なラーメン丼を描くことと思います。そしてそのラーメンの丼には何か渦巻のような模様が描いてあることでしょう。実は、この渦巻のような模様やそれ以外の模様にはきちんと意味があるのです。

まず、渦巻の模様の正式名称は「雷文《らいもん》」といいます。読んで字のごとく雷を表しており、古くから中国の青銅器などに描かれている、伝統のある模様です。

「双喜文《そうきもん》」は「喜」という字を二つ並べたような模様をしています。この模様は新郎新婦が二人並んでいる姿をモチーフにされており、本来は結婚式で用いられてきた模様です。今では、おめでたい文字として一般的に使われています。

龍や鳳凰《ほうおう》はいずれも架空の生き物ですが、幸運を招く象徴などとして、中国では古くから神様のように崇められている縁起のいい模様とされています。ラーメンのみならず、中華料理を食べる機会がある場合は、その模様にも注目してみると面白いでしょう。

No.90

# インスタントラーメンは天ぷらをヒントに誕生した

インスタントラーメンは世界中で年間約８５０億食もの数が生産されています。近年は台湾や中国でも消費量が増えていますが、世界ラーメン協会によれば、２０１８年の一人当たりの年間消費量は、意外にも韓国が74・6食でトップ。日本は45・2食で5位となっています。

よく知られているように、インスタントラーメンは日本人の手によって開発されました。開発したのは、戦前に台湾に生まれた安《あん》藤百福《どうももふく》。１９５８年のことでした。実はこのインスタントラーメンは、日本のある食べ物をヒントにして開発されたのですが、それが何かご存じでしょうか？

安藤百福によって開発された世界初のインスタントラーメンは、今なお愛されて止まない「チキンラーメン」です。彼は妻がてんぷらを揚げているのを見た際、衣が泡を立てながら水分をはじき出している様子を見て、瞬間油熱乾燥法を思いつきました。

彼は後にカップラーメンも発明し、現在のラーメン業界を作り上げた立役者なのです。

No.91

# お茶漬けの素にアラレが入っている理由

市販されているお茶漬けの素には、必ず小さなアラレ菓子が入っています。

お茶漬けを食す際にはその食感が何とも言えない快感ですが、そもそもアラレが入っている理由は、食感をよくするためではありませんでした。

お茶漬けといえば、真っ先に永谷園が販売しているインスタントのお茶漬けの素を想像する方も多いでしょう。

永谷園のお茶漬けの素は1952年に販売が開始されました。パッケージの袋の中には乾燥させた具と、粉末状になったダシが入っています。販売当初、現在のように完全に密封されたパッケージを行う技術力がなかったため、どうしても中の具材に湿気が含まれてしまいました。

この湿気から具材を守るために考案されたのが、アラレを入れることだったのです。

このアラレが乾燥剤の役割を果たすとともに、新しい食感を生み出し、現在ではお茶漬けに欠かせない存在となったのです。

No.92

# かき氷のシロップはすべて同じ味

夏の定番氷菓として古くから日本人に愛されているかき氷。

色とりどりのシロップが見た目にも鮮やかで、夏っぽさを演出してくれます。イチゴやレモン、ブルーハワイなど味は多種多様ですが、その味は実はすべて同じなのです。

果汁の入っていないシロップのラベルに書かれている原材料を見てみると、着色料以外に違いがないことがわかります。ではなぜ味が違うと勘違いしてしまうのでしょう？

実は、味は同じでも着色料と香料を変えることによって、人間の視覚と嗅覚を錯覚させ、違う味であるという誤認識を引き起こしているのです。

ちなみに、かき氷のシロップにしか存在しないと思われる「ブルーハワイ味」ですが、これはもともとラムをベースとしたカクテルの一種を、かき氷のシロップにしたものなのです。

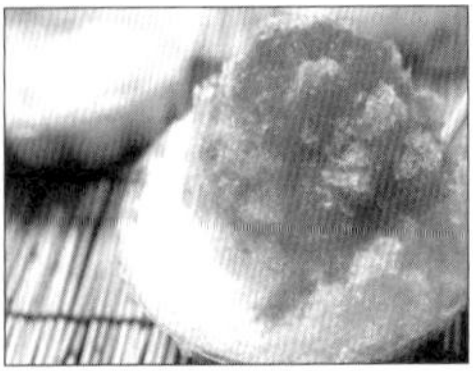

No.93

# あずきバーがあんなに固いのは空気が少ないせい

和アイスという呼び方をしていいものか、和風なアイスの定番として「あずきバー」があります。

あずきバーは非常に硬く、冷凍庫から出したばかりのものを噛むと、歯が折れるのではないかと思うほどです。なぜここまで硬くする必要があるのでしょうか？

あずきバーといえば、老舗の井村屋です。井村屋は1896年に創業し、1973年からあずきバーの販売を開始しました。

夏の時期にあんこ菓子の売り上げが落ちてしまうのをカバーするために、考案されたアイスです。

そのコンセプトは「ぜんざいをそのままアイスにする」というもの。原材料は小豆・砂糖・コーンスターチ・食塩・水あめの5種類のみで、乳製品や安定剤といった添加物は一切使用されておらず、乳固形分も含まれていません。

その結果、空気の含有量が少なくなり、非常に硬いアイスが生まれてしまったというわけです。

No.94

# 「サイダー」と「ラムネ」の違い

炭酸飲料を飲むとお腹が膨れてしまうイメージがありますが、食前や食事中に飲むことには食欲増進効果があり、より多くの食事をとることができるというデータがあります。

そんな炭酸飲料の中でも食事と相性がいいのが、シンプルなサイダーやラムネでしょう。どちらも炭酸水に糖類を加えただけのシンプルな飲み物ですが、容器以外に違いはあるのでしょうか？

サイダーはフランス語で「リンゴ酒」を意味する「シードル（cidre）」が語源です。海外ではアルコールの含まれたものが一般的で、日本のようにソフトドリンクとして飲まれるのは珍しいのです。

一方、ラムネは瓶が独特な形をしており、中にビー玉が入っているのが特徴です。通常の瓶の真ん中くらいをしぼませ、ビー玉を入れてから飲み口の部分を形成します。

ラムネは明治時代に日本に伝来し、レモン水として販売されていました。レモン水は英語で「レモネード（lemonade）」。これが転化して「ラムネ」と呼ばれるようになりました。

# 3章　歴史・地域の博学知識

No.95

# ロンドンの「ビッグベン」は時計台のことではない

イギリスの首都ロンドンを象徴する建物として、誰もが時計台の「ビッグベン」を想像することでしょう。しかし時計台の名前と思われている「ビッグベン」ですが、これは大きな誤解なのです。

「ビッグベン」と呼ばれている時計台は、正式名称を「エリザベス塔」といいます。「ビッグベン」という名称は、このエリザベス塔に付けられている最も大きな鐘に名付けられた愛称だったのです。

では、鐘の名称が「ビッグベン」となったのはなぜなのでしょう？ 詳しいことはわかっていませんが、工事責任者であり、国会議員であったベンジャミン・ホールにちなんで名付けられた説など諸説あります。

ちなみに「ビッグベン」が打ち鳴らす鐘の音は、日本でも非常になじみのあるものです。日本の小学校などでお馴染みの「キーン、コーン、カーン、コーン」というメロディ。これがビッグベンの鐘の音なのです。曲の正式名称は「ウェストミンスターの鐘」といいます。

No.96

# 東京タワーの名称は「昭和塔」になる予定だった

１９５８年12月23日に完成した東京タワー。２０１２年5月に東京スカイツリーが開業するまでの54年間、自立式鉄塔として日本一の高さを誇っていました。

そんな東京タワーの名称は、一般公募により選出されたのですが、その裏には「なんで?」というエピソードが残っていました。

８万６２６９通の応募があった中、最も多かった名称。それは「昭和塔」でした。続いて「日本塔」「平和塔」という結果になり、「東京タワー」という名称はわずか２２３通で13位。全体の応募数の０・26%しかありませんでした。しかし審査員である徳川夢声《とくがわむせい》が推薦した結果、「東京タワー」と決定したのです。

徳川夢声とは、明治から昭和の時代に活躍したタレントで、今もなお使われ続けている「彼氏」や「恐妻家」といった言葉を作った人物とされています。日本放送芸能家協会の初代理事長も務めた、いわばお偉い方。前述の通り、世論では不人気だった名称を採用にまで持ってきた徳川夢声の一声は、まさに鶴の一声だったのかもしれません。

No.97

# 真実の口はマンホールだった

映画『ローマの休日』のワンシーンで一躍有名になった真実の口。ローマのサンタ・マリア・イン・コスメディン教会の奥に飾られています。

表面にはギリシャ神話に登場する海の神が彫られ、その口の部分に手を入れると、心に偽りのある者は「手が抜けない」「手を切られる」などという言い伝えがあります。

日本国内にも東京や大阪、神奈川など、多くの場所に真実の口のレプリカが設置されています。

それではこの真実の口はいったいどういう経緯で製作されたのでしょうか?

真実の口の作者は不明です。元々は現代のマンホールのように、古代ローマ時代の下水溝のフタとして使われていたと考えられています。それがいったいどうして教会に飾られるほどのモニュメントになったのかは、謎のままです。

映画『ローマの休日』のワンシーン

No.98

# 熊本城は食べられる

日本のお城には、必ずといっていいほど松の木が植えられています。これは兵糧《ひょうろう》攻めにあった際に松の木が非常食になるからだと言われています。しかし中には、あらゆる箇所に非常食が備え付けられ、「食べられるお城」とも言われる城があります。それが熊本城です。

　現在の熊本城は、16世紀後半から17世紀初頭にかけて、豊臣秀吉の家臣、加藤清正によって築城されました。普通、畳には藁を用いて芯が作られますが、熊本城の畳の芯はいざという時に非常食になるサトイモを用いています。また、土壁のつなぎにもサトイモの茎が使われているほか、壁にはカンピョウが塗り込んであると言われています。

　朝鮮出兵の際に厳しい籠城生活を体験したことで、清正は念入りに糧食の準備をしたのです。さまざまな箇所に食べ物を利用した熊本城は、まさに食べられるお城なのです。

No.99

# 大名行列を横切っていいとされた職業

大名行列といえば、お殿様とその家来が長い列を組んで移動し、民衆はそれが過ぎるまで土下座でいなければならない、といったイメージです。列を乱す者は最悪の場合、その場で切り捨てられるほどでした。

しかしそんな大名行列を横切ってもおとがめがない職業が存在したのです。

時代劇などでもお馴染みのシーン。その地の大名が公用のために家来などを引き連れて移動する際の行列のことです。

行列の規模は２５０人程度とのことですが、藩によってまちまちで、最も大きな規模では加賀藩の大名行列で、４０００人にも及んだことが記録されています。

民衆は大名行列が見えたらすぐにその場で土下座をし、行列が過ぎるまで顔を上げてはならない、というイメージが強いですが、実際はそうではありません。多くの大名家では、行列の邪魔にならないように道を譲るだけでよかったのです。また、土下座をするにしても、大名が乗った籠が通り過ぎる時だけでよいとされていました。

その行列の華やかさから、民衆には見物が娯楽の一つとなっていたようです。

ただし、列の前を横切ったり、列を乱すような行いは非常に無礼とされており、「無礼討ち」またの名を「切捨《きりすて》御免《ごめん》」と呼ばれて「その場で刀で切られても仕方がない」とされました。

数ある職業のうち、たった二つの職業のみが、列を乱す行いをしなければ、列を横切ってもよいとされていました。その職業が、飛脚と産婆さんです。

飛脚は現代でいうところの郵便屋さんや配達業のような職業。産婆さんは現代でいう助産師さんです。

命に関わる産婆さんは分かるにしても、飛脚くらいであれば少し立ち止まっても問題はなさそうですが。また、医者が横切っても良い職業に含まれていないのはなぜなのかが分からないところです。

No.100

# 日本で初めて拳銃を所持した職業は郵便配達員

現代の日本で拳銃を所持できる職業は？と聞かれれば、警察官や自衛隊員などの職業が挙がるでしょう。

しかし実は、日本で初めて拳銃の所持が許された職業は、警察官ではありません。それは、現在の常識では考えられないような意外な職業でした。

日本の警察官に正式に拳銃の携帯が許可されたのは１９２３年のこと。しかしそれよりもはるか以前の１８７３年に、拳銃の所持を認められた職業がありました。それは、なんと「郵便配達員」です。

これは明治初期に郵便制度が発足した当初、郵便という仕事が危険を伴うものだったからです。現金書留を狙った強盗が配達員を襲う事件が相次いだ上、ニホンオオカミが出没して、襲い掛かってくる可能性があったのです。

そこで配達員は拳銃の携行を許可され、「郵便物保護銃」と呼ばれる、フランス製のリボルバー拳銃を持っていました。この法制度は、１９４９年まで続いていたのです。

No.101

# 徳川家康は大の健康マニアだった

天下統一を成した徳川家康は、73歳まで生きるという当時では異常なほど長命な人物でした。しかも、たまたま寿命が長かったのではなく、家康はかなりの健康マニアだったことが知られています。

家康は食事で贅沢をせず、一汁一菜が基本で、必ず火を通した料理を食べるように心がけていました。また、栄養面にも気を配り、旬の食材を積極的に食べていたとのこと。適度な飲酒も健康のために行なっていたといいます。

さらには運動を欠かさず行い、歳を取っても鷹狩り、剣術、弓術、水泳、乗馬などを続けていたのです。体を動かすことで疲れを感じ、夜はぐっすり眠れる。これが健康につながることを、家康は自身の体調のよさから感じ取っていたのでしょう。

これくらいは現代の日本人でも実践している方も多いでしょう。しかし家康はこれだけにとどまらず、現在の静岡県に薬草畑を作りました。ここで１００種類以上の薬草を栽培し、自ら調合を行なっていたのです。

No.102

# 水戸黄門は7人いた

水戸黄門といえば徳川光圀の別称として有名です。数々のテレビドラマや小説が作成され、今もなお根強く人気のある人物です。しかしこの水戸黄門。実は7人いたということをご存じでしょうか？

そもそも黄門とは、古代中国の「門下省」からきています。この役所の門が黄色に塗られていたため、門下省＝黄門と呼ばれるようになりました。そして日本では「中納言」という役職の仕事内容が門下省と似ていたため、中納言＝黄門と呼ばれるようになりました。つまり、水戸藩の中で中納言の役職に付いた人物が「水戸黄門」となるのです。

水戸黄門になった人物は、頼房《よりふさ》、光圀《みつくに》、綱《つな》條《えだ》、治保《はるもり》、斉脩《なりのぶ》、斉昭、慶篤《よしあつ》の7人。このうち徳川光圀は、史書『大日本史』の制作にとりかかるなどさまざまな事業を行い、政治にも影響力を持った人物として有名です。

この『大日本史』作成に必要な情報を各地で集めるために巡業を繰り返したイメージが強いため、光圀だけが注目されてドラマや小説になり現代に語り継がれているのでしょう。

No.103

# クラーク博士は詐欺容疑で訴えられていた

「少年よ、大志を抱け」で有名なクラーク博士。明治時代初期、札幌農学校（現・北海道大学）にて初代教頭を務め、植物学や自然科学を英語で教えた教育者です。キリスト教の布教活動も行っており、生徒たちは西洋流の道徳観を身につけることになりました。

日本で教育や布教活動を行った期間はわずか8カ月ながら、その影響力は後世にまで語り継がれているほどです。

しかしクラーク博士は日本を去った後、アメリカにおいて詐欺の疑いで訴訟を起こされていたのでした。

帰国したクラーク博士は、マサチューセッツ農科大学学長など、しばらくは教育関係の職に就きましたが、後に鉱山会社を立ち上げて利益を上げます。しかし、この会社が倒産してしまい、出資者たちに詐欺で訴えられることになったのです。負債額は現在の価値でおよそ2億円と言われています。

そんな苦労がたたってか、日本を離れて9年後に心臓病を発症して亡くなってしまいました。

No.104

# 禁酒中に福沢諭吉が残した名言

福沢諭吉といえば、1万円札の肖像画として描かれている偉人です。学問の分野で多大な功績を残し、慶応義塾大学の創設者としても有名です。

実はこの福沢諭吉、大の酒好きとしても知られています。中でも一番のお気に入りは、当時はまだ珍しかったビール。

西洋文化について福沢が書いた『西洋衣食住』には、次のようにあります。

**「ビィール」と云ふ酒あり。是《これ》は麦酒にて、其味《そのあじ》至《いたっ》て苦けれど、胸膈《きょうかく》を開く為に妙なり。亦《また》人々の性分に由《よ》り、其苦き味を賞翫《しょうがん》して飲む人も多し**

ざっくりと現代語訳してみますと、「ビールという酒がある。これは麦でできた酒であり、味は苦いが、胸の内を明かすことができるために妙味である。その苦味を楽しんで飲む人も多い」といった内容となります。

現代風に言えば、「飲みニケーション」にはぴったりの酒だ、といったところでしょうか。

そんな酒好きの福沢ですが、健康面を気づかって何度も禁酒に挑戦します。しかし失敗の連続。禁酒したことによって口が寂しくなり、タバコも吸い始めてしまう始末。

最終的に福沢は、次の言葉を残して禁酒に「成功」します。

**「ビールは酒にあらず」**

ビールはアルコールではないと豪語し、強引に禁酒に成功したことにしたのです。

禁酒中も毎日ビールを飲み、製造メーカーには「味が落ちた」とクレームの手紙まで出していました。

分かっていながらも止められない自分に対して、無理矢理に納得させてしまった福沢諭吉。その行為は、ビールだけにまさに苦い思い出となったことでしょう。

No.105

# ルイ16世は自らの発明品で処刑された？

第五代フランス国王であり、かの有名なマリー・アントワネットを妻にもつ「ルイ16世」。絶対的な権力を手中に収めましたが、その最期は本人も驚きの、意外なものとなりました。

ルイ16世が政権を握る最中、王政に不満を抱いた諸階層が主導して、フランス革命が勃発します。この革命により、王国政権は崩壊。時の国王であったルイ16世は、幽閉されることになりました。そして、度重なる裁判の末、ルイ16世の処刑が決定されてしまうのです。

最後の裁判で焦点になったのは、処刑方法をどうするか、ということ。そこでその方法を決めるために投票が行われたのですが、結果は斬首刑、つまりギロチンにかけられることになったのです。

このギロチン。処刑方法として導入される際に、「刃の角度を斜めにした方がよい」とアドバイスしたのが、ルイ16世その人だったといいます。

異説もありますが、事実であれば皮肉としか言いようがありません。

No.106

# ハンカチが四角いのはマリー・アントワネットが由来

ハンカチは、どこのメーカーから販売されているものも、決まって正方形をしています。長方形のハンカチがあってもおかしくないように思えますが、これには歴史上の有名人が関係していました。

ハンカチの起源は紀元前３０００年頃のエジプトにまでさかのぼります。飾りの施された麻製の布が発掘されたことから、身分が高い人物の持ち物であると考えられています。

時代がくだって、18世紀末のヨーロッパでは、長方形は当然のこと、丸型や三角のハンカチなど、さまざまな種類のハンカチが存在し、刺しゅうや豪華な飾りを付けることが流行していました。

しかし種類が多いことをわずらわしく思ったのか、１７８５年、かのマリー・アントワネットが、夫であるルイ16世に「わが国のハンカチはすべて正方形にすべし」という法令を出させたのです。

なぜ彼女がこのような法令を望んだかは不明ですが、この正方形のハンカチが世界中に広まり、一般化したと考えられています。

No.107

# ベートーベンの肖像画の顔が怖いわけ

音楽室の特徴といえば、何といっても音楽家たちの肖像画でしょう。ズラリと並んだ肖像画は、なんとも言えぬ不気味さをかもしだしています。

そんな数ある肖像画の中で、ベートーベンの顔だけがやけに怖く感じたことはありませんか？　実は、これにはちゃんと理由があるのです。

その理由は、なんと朝食に食べたマカロニのチーズ和えがとても不味かったからという、非常に単純なもの。

その日、ベートーベンは家政婦が作ったマカロニのチーズ和えが失敗したことが相当許せなかったのです。

ベートーベンは気に入らないことがあると、罵声を浴びせたり物を投げつけたりする気性の荒い性格でした。そんな日に描かれた肖像画なので、あんな怖い顔をしていたのです。

No.108

# 文豪が書いた世界一短い手紙

歴史上、最も短いと言われている手紙。それをフランスの文豪が残しています。その手紙には「?」と書いてあり、受け取った者は「!」と返信しました。

この手紙を書いたのは『レ・ミゼラブル』の著者として有名なヴィクトル・ユーゴー。フランスの通貨である5フラン札の肖像にも描かれた、フランスを代表する小説家です。

1862年に『レ・ミゼラブル』を出版した彼は、疲れを癒やすためか海外旅行へと旅立ちます。しかし一流の小説家といえども本の売れ行きは気になるもの。海外から出版社に宛てて、彼は手紙を送るのでした。

出版社に届いた手紙を開いてみると、便箋の真ん中に「?」とだけ書かれていました。ユーゴーの伝えたかったことを瞬時に読み取った出版社は、同じく便箋の真ん中に「!」とだけ書いて返信をしたのです。

たった一文字の中に、「本の売れ行きはどうだい?」「順調に売れていますす!」といった会話がなされていたのです。

No.109

# ゴッホの絵は生前に一枚しか売れなかった？

ゴッホといえば、オランダが生んだ天才画家。『ひまわり』や『夜のカフェテラス』などの絵画は、メディアを通じて誰しもが一度は目にしたことがあるのではないでしょうか。しかし、生前はたった一枚の絵画しか売れませんでした。

ゴッホはわずか37歳にしてこの世を去りました。彼が美術作品を手がけたのは10年あまりと短い期間ですが、この間に、油絵約８６０点、水彩画約１５０点、素描約１０３０点、版画約10点、スケッチ約１３０点の合計２１００点以上もの絵を残していますが、生前に売れた絵は、死ぬ直前に描かれた『赤いぶどう畑』だけでした。販売価格は当時の値段で４００フラン。現代の日本円に置き換えると10万円ほどと、現代のゴッホの評価に鑑みると相当に安価でした。

しかしこの説を否定する声もあり、少なくとも数枚は売れていたという研究結果も出ています。これもまた、謎多きゴッホの逸話の一つなのです。

No.110

# ロダンの「考える人」は何も考えていない？

膝に肘を突き、拳をアゴの下に当てて何やら考えている様子の、ロダンの有名な彫刻『考える人』。彼が何について考えているのか疑問に思ったことはありませんか？

実は彫刻の彼は「考えている」のではなく「見ている」のです。元々この彫刻は、詩人ダンテの作品『神曲』をモチーフに制作した『地獄の門』という巨大な彫刻作品のほんの一部にしか過ぎません。

彼自身には特に名前はなく、『考える人』という名前も第三者が勝手に付けた名称とされています。

地獄の門は高さ約6メートル、幅約4メートルの円形で、そこに罪人たちが落ちていく様子が表現されています。彼は門の上に座り込み、罪を犯した人間たちの運命を観察しているという説が有力なようです。

つまり、『考える人』というよりは、『観察する人』の方が正しいと言えるでしょう。

No.111

# チャップリンは相撲のおかげで暗殺を免れた

喜劇王として知られるチャップリン。実は日本で暗殺の対象になっていたのですが、相撲のおかげで事なきを得るに至りました。そんなチャップリンと相撲の数奇な運命について、本項ではご紹介します。

チャップリンが日本を初めて訪れたのは、1932年5月14日のこと。そう、この翌日は「五・一五事件」があった日です。

五・一五事件とは、政治問題に不満を持っていた海軍の青年将校らが、時の内閣総理大臣である犬養毅を殺害した事件です。この時、チャップリンが5月15日に犬養首相と面会することを知った将校らは、「日本に退廃文化を流した人物」としてチャップリンの殺害も計画していたのです。

5月15日。首相官邸にチャップリンの姿はありません。彼は思いつきで総理との面会をキャンセルし、相撲観戦へと足を運んだのです。この突飛な行動のおかげで、チャップリンの喜劇が終わることはありませんでした。

No.112

# 驚くほど長いピカソのフルネーム

世界的画家として有名なピカソ。

1881年10月25日、スペインのマラガに生まれたピカソは、1973年に亡くなるまでの間、なんとおよそ14万8000点もの作品を制作し、ギネスブックにも登録されているほどです。

さて、その姓名はパブロ・ピカソで知られていますが、本名が驚くほど長いことをご存じでしょうか？

クリスチャンには洗礼を受ける際に付けられる名前があり、そのほとんどは聖人などの名前を自らの名前に足して付けられます。

ピカソが生まれたスペインのアンダルシア地方では、名前が長いほど幸福が宿るとされるため、ピカソのフルネームは恐ろしく長くなってしまいました。それではピカソのフルネームをご覧ください。

パブロ・ディエゴ・ホセ・フランシスコ・デ・パウラ・ファン・ネポムセーノ・マリア・デ・ロス・レメディオス・クリスピン・クリスピアノ・デ・ラ・サンティシマ・トリニダード・ルイス・イ・ピカソ

No.113

# くまのぬいぐるみを「テディベア」と呼ぶ理由

くまのぬいぐるみは、「テディベア」の愛称で親しまれています。なぜこのような愛称で呼ばれるようになったのでしょうか？

１９０２年のアメリカ。時の大統領であったセオドア・ルーズベルトは狩猟のためにミシシッピ州へと旅行に行きます。目的であった熊を仕留めることはできませんでしたが、同行していた側近が怪我をして動けずにいた子熊を見つけます。側近は子熊を撃つようルーズベルトにすすめますが、「そんなものは撃てない。放してやりなさい」と、ルーズベルトは子熊の命を救いました。

これが新聞に取り上げられて美談として世間に広まると、ニュースを知ったモリス・ミットムは、妻が作ったクマのぬいぐるみにルーズベルトのニックネームであった「テディ」と名付けて販売しました。これが大ヒットしたことで、クマのぬいぐるみは「テディベア」と呼ばれるようになったのです。

ルーズベルトの名前であるセオドアは、英語で書くと「Theodore」。スペルを省略すると「Teddy」となるわけです。

No.114

# 男性が傘を使うと変人扱いされた

傘は一つの国で生まれて世界中に広まったわけではなく、さまざまな国で誕生しています。現在はヨーロッパで誕生した洋傘が主流ですが、昔のヨーロッパでは、雨の日に洋傘をさす男性は周りから笑われていたと言われています。なぜでしょうか？

傘の歴史は、紀元前までさかのぼります。エジプトやペルシャの彫刻画や壁画に、傘を使用している画が残っているのです。ただし、その用途は雨から体を守るためではなく、高貴な女性の日除けのためでした。

同じように洋傘も、元は女性の日除けのために使われていました。現在の洋傘と同じ構造の傘が開発されたのは、18世紀のイギリスでのこと。傘は英語で「アンブレラ(Umbrella)」といいますが、「影」の意をもつラテン語「アンブラ(Umbra)」が語源です。

では、人々は雨の日にどうしていたかというと、傘をさすのではなく、濡れながら歩いていました。当時の男性は、雨の日には帽子で雨を避けるのが当たり前で、傘をさすと変人扱いされてしまったのです。

No.115

# レディーファーストは女性の作法だった

車のドアを開けてあげたり、場内へエスコートしてあげたり、さまざまな場面で女性を一番にサービスする「レディーファースト」の考えが浸透しています。

しかし、本来の「レディーファースト」とは、今の考え方と真逆の意味なのです。

レディーファーストは、元々はヨーロッパの上流階級に属する淑女《しゅくじょ》が身につけるべきマナーでした。その内容は、次のようなものです。

「ホールへは男性より先に入場し、男性を出迎える」「扉や門は男性より先に抜けて、安全を確認する」「食堂では男性より先に着席し、男性を出迎え、待たせない」「食事は男性より先に終わらせて退出し、男性の食後の談話に加わらない」

つまりは、何事も女性が先に立って行い、男性をもてなすことがレディーファーストの考え方なのです。これが男女平等の運動が盛んになると、次第に現代で用いられている意味に転化していったのです。

No.116

# ダイナマイトは平和を願って発明された

ダイナマイトは、ノーベル賞の設立者として有名な天才発明家、アルフレッド・ノーベルが発明しました。その破壊力から、ダイナマイトは戦争の兵器として使われてきましたが、ノーベル自身は世界に平和をもたらすために発明したというのです。

ノーベルは、生涯で350ほどの特許を取得していますが、その中で最も有名かつ巨万の富をもたらした発明品が、ダイナマイトです。

ダイナマイトは、強力な火薬であるニトログリセリンを用いられて生成されます。その破壊力から、土木工事などに用いられてきました。しかし歴史上、戦争の兵器として使われたのも事実で、人殺しの道具として利用されてきました。

しかし、ノーベルにとってダイナマイトが兵器に使われるのは想定内でした。その破壊力が逆に戦争の抑止力になると信じていたのです。つまりはあまりにも強力な兵器がゆえ、人間に戦争をする恐怖をしらしめる道具になればと考えていたようです。

No.117

# 聖地にある世界に一つだけのマクドナルド

アメリカのアリゾナ州にあるセドナという街は、年間400万人もの観光客が訪れる人気の観光地です。この地域はレッドロック・カントリーと呼ばれ、独特な形の赤い岩山があったりといくつものパワースポットが存在し、スピリチュアルを信仰する方にとっての聖地のような存在になっているのです。

そしてアメリカといえば、切っても切り離せないのが、大手ファストフード店のマクドナルドです。当然セドナにも店舗を出店しようとしたマクドナルドですが、セドナは景観を非常に重んじる地域であり、真っ黄色で派手な看板をひっさげたマクドナルドの店舗は、とても似つかわしくありません。

そこでマクドナルド側は、景観を損なわないように配慮し、トレードマークである黄色のMの看板の色をターコイズブルーに変更して店をかまえたのです。こうして、世界に一つだけの青い色をした看板のマクドナルドができあがったのです。このマクドナルドはセドナに点在するパワースポットに負けず劣らずの人気の観光名所となっているのです。

No.118

# カナダにはサンタクロース専用の郵便番号がある

日本では、サンタクロースにお願いをしなくても、クリスマスの朝になると枕元にプレゼントが置かれていることがしばしば。しかし海外では、クリスマスの前にサンタクロースへお願いの手紙を書いたりするものです。

そんな中、カナダではサンタクロース専用の郵便番号があるとのこと。サンタクロースといえば、赤と白の服装に白いヒゲ。そして「ホゥホゥホゥ」と笑うのが特徴的です。カナダではそんなサンタクロースの特徴を活かした郵便番号が用意されているのです。

カナダの郵便番号はアルファベットと数字を一文字ずつ組み合わせ、それを三つ並べた6桁の郵便番号です。例えば「A1B2C3」という風に表記します。

そこでカナダでは、サンタクロースの口癖である「ホゥホゥホゥ」になぞらえ、「H0H0H0」というサンタクロース専用の郵便番号が用意されているのです。正確には「HO（エイチ・オー）」ですが、郵便番号の仕組みから「H0（エイチ・ゼロ）」と表記されているのです。

No.119

# ドイツに存在するブラックサンタクロースとは？

クリスマスにはサンタクロースが家にやってきて、子どもたちにプレゼントを置いていてきます。ただし、これは「良い子」に限られた話。ドイツでは、「悪い子」を対象にブラックサンタクロースがやってくるのです。

その姿形は地域によって異なりますが、呼び名は共通しており、「クネヒト・ループレヒト」と呼ばれます。

ブラックサンタクロースは、悪い子をお仕置きするために長い棒や灰の入った袋を持っていて、トナカイのひくソリに乗ったサンタクロースの後を付いてきます。

悪い子の元に到着すると、ブラックサンタクロースは、ジャガイモの皮や動物の内臓などをプレゼント。さらに悪い子には、灰の入った袋で叩いてお仕置きをするというのです。

ヨーロッパ、特にドイツでは、神様にお祈りする際には「良い子にできます」と祈らなければならないのです。

クネヒト・ループレヒトの挿絵

No.120

# フランスでは死後婚が認められている

死者と婚約を済ませてしまうと、冥界に連れて行かれる。

そんなドラマを見たことがある方もいるのではないでしょうか。いわゆる「死後婚」のお話です。

死後婚は死者同士の結婚ではなく、死者と生者との結婚を指すのですが、フランスではこの死後婚が法律（民法）によって認められているというのです。

フランスの民法171条によると、「将来の夫婦となる者の一方が死亡し、死亡したものの承諾に何ら疑いがない場合」に、婚姻が認められるとされています。

死後婚をしても、死亡した者の財産の相続権を得ることはできず、婚姻関係があったとされることもありません。しかし、亡くなった方の姓を名乗ることができ、妊娠などをしていた場合には認知することが可能です。

この法律は1959年から存在し、現在でも年に1～2件の死後婚が成立していると言われます。

No.121

# オーストラリアの投票率が90%を超えるわけ

日本では、選挙権は18歳から得られます。全年齢の平均投票率は、およそ50%。選挙のたびに投票率の低下が問題視されますが、そんな日本に対して、オーストラリアの投票率はなんと90%を超えています。

投票率が高い国のカラクリ、それは「義務投票制」という制度にあります。これは字のごとく国民に投票を義務化する制度のことで、投票を放棄した場合には、罰則や罰金があるのです。

オーストラリアの場合は、日本円にしておよそ２０００円の罰金。裁判所で争うとなるとさらに罰金は上がり、約５０００円の罰金と裁判費用がかかります。

このように、罰則や罰金を厳格に用いているかいないかは別として、世界には欧州や南米を中心として21カ国もの国々が、選挙での投票を義務化しているのです。

しかし、やみくもに投票率を上げることが大切なのではなく、国民が政治に興味を抱くことが何よりも大切です。

No.122

# ギリシャの国歌は158番まである

世界で最も長いと言われる国歌。それがギリシャの『自由への賛歌』です。歌詞はなんと、158番まであるのです。

日本の国歌である『君が代』は、およそ1分ほどで歌い終わります。対して158番まであるギリシャの国歌は、すべて歌いきるまでに55分もかかるそうです。その歌詞はギリシャの歴史にまつわる内容で、1番の歌詞の内容は次のようになっています。

**我は汝を識《し》る、**

汝の剣の恐るべき鋭さで
我は汝を識る、
大地を俄かに睥睨《へいげい》する汝の目の輝きで
興隆せしヘレネ人の
神聖なる骨より生まれ出で
さらに汝の古の武勇によって強靭《きょうじん》せし
められる
万歳、おお、自由！

歌いきるには時間がかかるため、公の場では2番までしか歌われないそうです。

No.123

# ジンバブエの通貨は日本円？

アフリカ大陸の南部に位置するジンバブエ共和国。１６００万人弱が暮らすこの国では、英語やチェワ語、セナ語を始めとした16の公用語が定められています。

そして多いのは公用語だけではありません。法定通貨も９種類を有しており、その中には日本円も含まれているのです。

法定通貨とは、買い物などの決済の場において、支払いを拒否することができない通貨のことを指します。例えば日本では日本円での支払いを拒否することができませんが、米ドルやユーロでの支払いは拒否することができます。これは日本の法定通貨が日本円のみであるからです。

ジンバブエではこの法定通貨として、米ドル、ユーロ、英ポンド、ランド、プラ、人民元、ルピー、豪ドル、日本円の９種類もの通貨が指定されているのです。

現在は主に米ドルが流通しているようですが、日本円で買い物をしようと思えば、お店側に拒否する権利はないということになるのです。

No.124

# 50年以上も火災が続く地域がある

アメリカ合衆国ペンシルベニア州にあるセントラリアは、19世紀後半から石炭鉱業によって栄えた炭鉱町です。しかし１９６２年に火災が発生して以降、今もなおその火災が続いているというのです。

火災が発生したのは炭坑内で、原因は定かではないものの、集積所のごみを焼却したところ、地下の鉱脈に火が燃え移ったという説が有力視されています。

火災の結果、地面が70度から80度の熱を帯び、地下水は水蒸気となって、煙や有毒ガスとともに地表に噴出するようになってしまいます。連邦政府は住民に退去勧告を通告し、町はゴーストタウンと化してしまいました。

そして、消火活動はコスト・技術面から困難だと判断されて中止に。２００２年には郵便番号も消去され、本格的に人の住めるような地域ではなくなりました。

地下で燃え続けている火が自然消火されるには、まだ数百年以上もの時間を要するとみられています。しかしそれでもなお、現在も数名の人が住み続けているとのことです。

No.125

# 富士山の頂上は私有地だった

２０１３年にようやく世界文化遺産に登録された富士山。それ以前に１９３６年からは国立公園に指定されているので、富士山にある自然すべてが天然記念物ということになります。

そんな富士山ですが、実はその頂上付近は私有地だということをご存じですか？

と言っても、流石に個人の所有物ではありません。江戸時代には富士市にある富士山本《ふじさんほん》宮《ぐう》浅間《せんげん》大社《たいしゃ》（浅間大社）が、明治～敗戦までは国が、富士山の頂上付近、約３３６０メートルから上を所有していました。

戦後に両者の間で所有権が争われましたが、１９７４年に最高裁判所の判決により、浅間大社の所有物であるとされたのです。

なお、この浅間大社に対する信仰は篤く、全国に１３００以上ある浅間神社の総本山であり、富士山の頂上にも小さな社が建っています。

No.126

# 富士の樹海でコンパスは狂わない

青木ヶ原、通称「富士の樹海」は、約30平方キロメートルが密林に覆われた地域で、自殺の名所として有名です。

一度樹海に足を踏み入れたら最後、方向感覚が狂ってしまい、抜け出すことは困難に。しかもコンパスまで狂ってしまうといいますが、本当なのでしょうか？

実際には、樹海内には遊歩道が用意されているので、案内板に従って進めば戻れないということはありません。

もちろん、何の装備も持たない状態で進入してフラフラとさまよってしまった場合は、まず自力での脱出は不可能でしょう。

ではコンパスを持っていたらどうでしょうか？　結論から言えば、富士の樹海でコンパスが狂うことはまずありません。

実際、陸上自衛隊の訓練の一つとして、コンパスと地図だけで樹海を渡り歩くという訓練が存在するほどです。

近年では携帯電話用のアンテナも数多く設置されており、絶対的に圏外であるということもなくなってきています。

No.127

# エベレストの登山料は約100万円

世界最高峰の山、エベレスト。エベレストに登頂するのが夢という登山マニアも少なくはないでしょう。

エベレストの登頂にはそれ相応のスキルが必要ですが、まず第一に、登山料というものが発生するのはご存じでしょうか？

エベレストの登山に挑戦するには、ネパール政府の許可が必要です。正確にいえば、エベレストに限らず、標高6500メートル以上の山へ登るには観光省の許可が必要です。

この申請にかかる費用は、一人につき1万1000ドル。1ドルを100円で換算すると、110万円もかかる計算です。

しかも、実際にはこの申請料以外にも、現地への渡航費、ベースキャンプまで荷物を運ぶ水牛のチャーター代、ベースキャンプの滞在費用など、さまざまな形でお金が必要になってきます。諸経費は、軽く見積もっても100万円は必要になるとのこと。

エベレストという最大の山に立ち向かう前に、必要経費という山を越えなければいけないのです。

# 4章　言葉の博学知識

No.128

# 日本語には元々「ラ行」で始まる言葉はない？

私達が普段使っている日本語には、大きく三つの起源があると考えられています。

一つは古くから日本に存在する大和言葉。もう一つは中国の漢語に由来する言葉。そして海外由来の外来語の3種類です。

この中で日本語の根源となる大和言葉には、ラ行で始まる言葉は存在しないのです。

例えばリンゴ。日本でも盛んに栽培されていますが原産は海外で、中国から入ってきた漢語です。蓮根《れんこん》、蝋燭《ろうそく》も、同じく中国由来の言葉です。

では、陸《りく》はどうでしょうか？ 訓読みのように見えますが、「りく」は中国読みで、大和言葉では「おか」と読みます。

最後は、落語。落語自体は日本の伝統文化ですが、昔は「おとしばなし」と呼ばれていました。現代のように「らくご」と読むのは明治時代以降といわれています。

ではなぜラ行から始まる日本語は存在しないのでしょうか。それはラ行がとても発音しづらい音とされていたからという説が有力なようです。

No.129

# 「コツをつかむ」の「コツ」って何？

「これが上達するコツは、○○することだよ」「コツをつかめば簡単にできるはずだ」などと使われる「コツ」という言葉。普段から使用する頻度が高いという方は、少なくないと思います。

しかしこの「コツ」という言葉、元々は何を意味しているのでしょうか？

コツとは、漢字の「骨」のことです。語源である骨は、読んで字のごとくホネのこと。ピンとこない方もいるかもしれませんが、骨の役割を考えれば、この言葉の由来がはっきりしてきます。

骨は、体全体を支える大事な部分。人間にとってなくてはならない重要なものです。ここから、骨という字は人間の本質的なもの、中心的なものだとみなされるようになりました。これが転じて、「骨＝勘所《かんどころ》」という意味で使われるようになったのです。

そのため、「コツをつかむ」と表記して「物事の芯になっていることをつかむ」「本質を会得する」という意味で、使われるようになりました。

No.130

# 「野次馬」の馬は親父馬？

野次馬とは、ある出来事が起こった際に面白半分で集まる人々を指す言葉です。しかし、なぜ「馬」という字が使われるのでしょうか？　その語源について、迫ってみたいと思います。

野次馬とは「親父馬《おやじうま》」が詰まって転化したもので、本来は「歳をとった馬」という意味です。ではなぜその言葉が、事故や事件などを見たさに集まる群衆を指す言葉になったのでしょうか？

確かなことはわかっていませんが、歳をとった親父馬は、ただただ若い馬の後をついていくことしかできず、役に立たないから、という考えがあります。そこから、事故や事件現場で無意味に騒ぎ立てる群衆を「親父馬（野次馬）」と蔑むようになったといいます。

なお、この言葉からさらに転じてできたのが、「野次を飛ばす」や「野次る」などという言葉です。

野次馬は被害者にとっては非常に迷惑なものかもしれませんが、その例えに使われた馬はもっと迷惑なのではないでしょうか。

No.131

# 「トドのつまり」の「トド」は魚

「トドのつまり、○○なんだね」という風に使われる言葉。「結局のところ」という意味で使われますが、この「トド」とは何を表しているかご存じですか？

「トド」といえば水棲生物でアシカの仲間の「海馬《とど》」を想像しがちですが、この動物は全く関係ありません。海に住む生き物という点では間違いではないのですが、「トド」は魚の名前なのです。

　ボラという魚を知っているでしょうか？　ボラはスズキやブリなどに代表される出世魚の一つです。トドはボラが出世した最終形で、「オボコ↓スバシリ↓イナ↓ボラ↓トド」という風に出世していきます。

　このことから、オボコの出世がトドで詰まってしまう様子を「トドのつまり」と言い、「結果的に」「最終的に」という意味で使われるようになったのです。

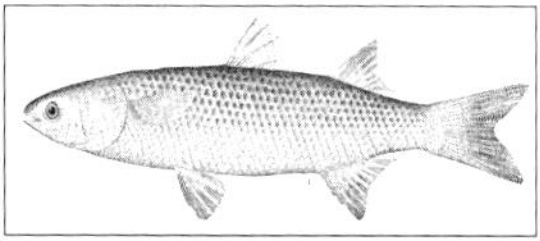

ボラのイラスト。日本では 50 センチ以上になるとボラのことをトドと呼ぶ。

No.132

# 西表山猫の「西」を「いり」と読むのは日の出に由来

沖縄県の西表島で発見されたことに由来する、西表山猫《いりおもてやまねこ》。西表島という字にも同じことが言えますが、なぜ「西」と書いて「いり」と読むのでしょうか？

それは、沖縄に伝わる言葉が漢字にあてられているからです。沖縄では、西を「いり」、東を「あがり」と言いました。勘のいい方ならお分かりでしょう。これらの言葉は、「日の出」に関係しているのです。

太陽は東から昇って（上がって）西に落ちる（入《い》る）もの。この様子が、語源となっているのです。

ちなみに、イリオモテヤマネコはベンガルヤマネコ属に属するネコの亜種で、発見されたのも1965年と比較的最近のことです。数々の研究が行われた結果、国の天然記念物として指定されました。

英名ではそのまま「イリオモテキャット（Iriomote cat）」と呼ばれています。

No.133

# お勘定の際に「おあいそ」は失礼？

「よっ！　大将、おあいそ！」という声が、居酒屋などの飲食店で聞こえてきます。

でもこの「おあいそ」という言葉。実はとても失礼な言葉なのです。

その昔は、お勘定の一割程度を店にツケておくのが一般的だったと言われます。これは「また来るよ」という意味であり、お店とお客の信頼関係を表していました。

しかしもうその店に絶対に行かない、つまり愛想を尽かした場合には、「お愛想する」と言ってツケを全額支払い、他の店に移ってしまうのでした。

なお、お店側も「おあいそ」という言葉を口にする場合がありますが、これは「愛想がなくてすみません」という、お客様に対しての低姿勢の表れで、客側が使う意味とは全く異なります。

現代では誰しもが気軽に「おあいそ！」といってお勘定を済ませていますが、ハードルが高そうな老舗のお店に行く場合は、気をつけた方がいいかもしれません。

No.134

# 「どんぶり勘定」は丼の器とは無関係

「どんぶり勘定」とは、細かな計算や記帳などをせずに、大まかにお金を使うことをいいます。

大きな丼の器で小銭をすくい、バラ撒くかのようにお金を使う、というようなイメージがありますが、実際は丼の器、すなわち「丼ぶり」は全くもって無関係なのです。

どんぶり勘定の「どんぶり」とは、その昔、職人が付けていた胴巻きのことです。この胴巻きは防寒対策の他、財布や煙管《きせる》などの小物入れとしても活用されていました。

それがなぜ、どんぶり勘定の語源なのでしょうか？ それは、江戸っ子気質の職人が、後先考えずに胴巻きからヒョイヒョイとお金を払っていたから。いつしかそんな勘定を「どんぶり勘定」と呼ぶようになったのです。

江戸時代の大工

No.135

# 散歩の語源は薬と関係していた

「散歩」を辞書で引いてみると「気晴らしや健康のために、ぶらぶら歩くこと」とあります。「散策する」などという言葉もあるように、特に目的もなく歩くことをイメージします。しかし散歩の語源は、思いもよらないところにありました。

古代中国では「五石散《ごせきさん》」という精神薬が流行しました。これは現代でいうところの麻薬などに値する薬です。鍾乳石《しょうにゅうせき》、硫黄《いおう》、白石英、紫石英《しせきえい》、赤石脂《しゃくせきし》という5種類の鉱物をすり潰して調合された薬物で、虚弱体質が改善されたり、不老不死の効果があるとも言われ、中国全土で広く流行しました。

五石散を服用すると、体がポカポカと温まってきます。この作用を「散発《さんぱつ》」と呼びます。散発が起こらないと体内に毒が溜まり、中毒死すると言われています。

この散発の状態を維持するためには、絶えず歩き回る必要があり、これを「行散」と呼びました。この「散発を促すために歩く」という行為から、「散歩」という言葉が生まれたのです。

No.136

# 包丁とまな板の語源

料理を作る際、絶対に必要なものといえば、包丁とまな板でしょう。

今では当たり前のように使用している調理器具ですが、その名前の由来まで知っている人は、そう多くないと思います。

包丁は、中国から日本へと伝わった器具です。包丁を当時の言葉で書くと「庖丁」となります。「庖」とは中国語で、料理人の身分を表す言葉でした。そして「丁」とは、なんと人名だったのです。

丁さんは中国で有名な料理人でした。この名誉ある料理人を讃え、食材を切るための刃物全般を「庖丁」と呼ぶようになったのです。

では、まな板はどうでしょうか？　まな板を漢字で書くと「真菜板」となります。この「菜」とは、主食以外の副菜のことを指します。昔は動物性の食材が非常に貴重だったため、真の菜は動物の肉や魚であるとされていたのです。

肉や魚には骨があるため、頑丈な板を敷く必要がありました。そこで、用いられる板を「真菜板」と呼ぶようになったのです。

No.137

# カカシの語源は動物に嫌な臭いを「嗅がせる」こと

田畑にやってくる害鳥から大切な作物を守るために、24時間立ちっぱなしで警備にあたっている働き者のカカシ。なぜカカシという名前が付けられたのでしょうか?

カカシは漢字では案山子と書きますが、名前の由来と漢字とは全く関係ありません。

一般的にイメージするカカシは、へのへのもへじが書かれた顔に笠をかぶり、服も着せられてあたかも人間がそこにいるように思わせるものです。

しかしカカシはそもそもは人間の形はしておらず、鳥や獣にとって嫌な臭いを発するものを指していました。

人間の髪の毛を焼いたものであったり、イワシの頭を焼いたものであったりとさまざまですが、この嫌な臭いを「嗅がせる」ことから、これらのものは「カガシ」と呼ばれるようになったのです。

これが時間とともに変化していき、発音しやすい「カカシ」という言葉に転化したとされているのです。

No.138

# 「冷たい」の語源は「爪が痛い」？

身体全体で気温などの低さを体感する場合、「寒い」という表現を使います。

しかし指先や耳など、身体の一部で感じる場合には「冷たい」という表現を使いませんか？　何気なく使い分けていると思いますが、「冷たい」という言葉の語源を読み解けば、その違いがはっきりわかります。

「冷たさ」という概念がまだハッキリ言葉になっていなかった頃、指先が冷えきってかじかんでしまうことを、人々は「痛み」と認識していました。

この感覚のことを、人々は「爪痛し」と呼びます。指先の冷えを、痛みだととらえたわけです。

これが「つめたし」になり、平安時代の書物には「冷たし」という字が現れるようになります。これが最終的に、現代でも使われている「冷たい」に転化したと考えられているのです。

No.139

# 「急がば回れ」どこを回っている？

「急がば回れ」とは、目的のために近道や危険な道を通るより、遠くても安全で確実な道を通った方が、結局は早く着くという意味のことわざです。この言葉を聞くと、ぐるーっと遠回りをしている画が頭に浮かびますが、いったいどこを回っているのでしょうか？

　このことわざの語源は、「もののふの　矢橋の船は速けれど　急がば回れ　瀬田の長橋」という歌にあります。「もののふ」は「武士」、「矢橋の船」というのは「渡し船」のことで、「渡し船は確かに速いが、急ぐのであれば瀬田の長橋を渡ったほうが良い」という意味です。

　これは当時、京都へ向かうために琵琶湖を横断する必要があったのですが、比叡山から吹き下ろされる突風によって渡し船は危険な状況になることが多かったのです。そこで、遠くても瀬田の長橋まで行ったほうが、安全で結局は早く到着するということを詠ったのです。

　つまり「急がば回れ」とは、「琵琶湖を回れ」という意味だったのです。

No.140

# 「弘法にも筆の誤り」何を誤った?

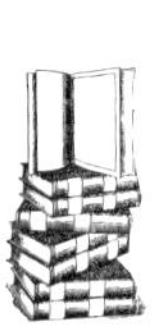

「弘法《こうぼう》にも筆の誤り」は、「どんな達人であろうが、失敗はするもの」という意味のことわざです。では、弘法は筆で何を誤ったというのでしょうか?

弘法とは、平安時代に実在した仏僧で、真言宗の開祖である「空海」のことです。この空海の尊称として、「弘法大師」という言葉が使われていました。

空海は、当時から書の達人としてもとても有名でした。そんな空海が、筆を誤る、つまり文字を間違えたところからことわざが誕生したのです。

空海が筆を誤ったもの。それは、額の字です。当時の天皇の命を受けて、空海は京都の応天門《おうてんもん》の額を書くことになりました。しかし門に打ち付けられた額をみると、「応」(應)の字にある点が一つなかったのです。

ちなみに、この話には続きがあります。空海は門に飾られた額をめがけて筆を投げつけ、点を足したというのです。流石は達人。やることがダイナミックです。

No.141

# 「紅一点」は女性を指す言葉ではない

男性の中に女性が一人混ざっていることを「紅一点《こういってん》」といいますが、元々は女性を指す言葉ではなかったということを、ご存じでしょうか？

「紅一点」とは、中国の詩人、王安石が作った『詠柘榴詩』という詩に出てくる言葉です。この詩の中にある「万緑叢中紅一点《ばんりょくそうちゅうこういってん》」がその由来。女性という意味はなく、「一面緑の草原の中に一つだけ赤い柘榴《ざくろ》が咲いている」ことを表す言葉なのです。

草原の中でポツンと咲く紅いザクロの美しさを詠っている詩なのですが、現在ではこの意味が転じて、男性ばかりの中に女性が一人だけ混ざっていることや、ひときわ目立つ存在のことを指す意味となっているのです。

紅一点の語源であるザクロ（designed by Valeria_aksakova - Freepik.com）

No.142

# 最後の演目を務める人を「トリ」というのはなぜ？

年末が近付くと、紅白歌合戦が風物詩のように話題になります。毎年、どの歌手がトリを飾るのか楽しみなものですが、この際に何気なく使う「トリ」という言葉にどのような意味があるか、皆さんはご存じでしょうか？

お笑い番組でも、最後に漫才やコントを行う人は「トリを務めるのはこの方」という風に紹介されますが、そのルーツは日本の話芸落語にあります。

寄席において、昔はその日の最後の演目を務めた演者が、まずその日の売り上げを「取り」上げ、そこから他の演者に対してギャラを分配していました。これをそれぞれ「取り」と「割り」と言ったのです。

売り上げは、演者のキャリアやその日の功績によって分配されていましたが、最後の演者に人気がなければ客は入らず、取り分は増えません。つまり、最後の演者＝トリを務める人物には、噺家にとっても客にとっても関心が集まっていたわけです。そのためトリという言葉は一般化し、落語以外の場面でも使われるようになったのです。

No.143

# 「定規」と「ものさし」の違い

「定規」も「ものさし」も、どちらも線を引いたり、長さを測ったりする文房具だという認識を抱いている方が、ほとんどだと思います。しかし実は、両者はしっかりと区別がされているのです。

まず定規とは、直線や曲線を描くために使用される文房具です。

特徴は、線を引きやすいように作られていること。一応長さも測れるようにはなっていますが、よく見てみると定規の途中から目盛りが始まっています。

一方のものさしこそ、長さを測るための文房具です。ものさしは、起点となる0から測れるように、端から0までの余白がないよう目盛りが始まっています。

何気ない違いですが、その役割は微妙に異なるのです。

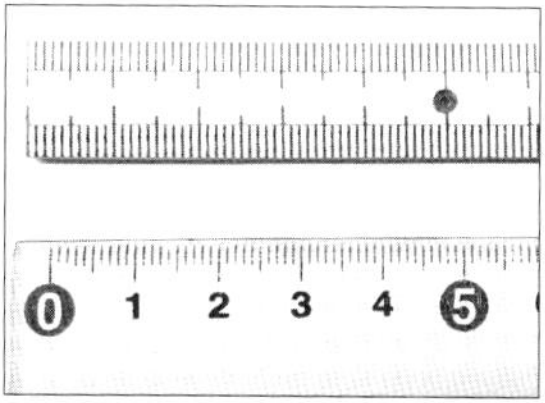


上がものさしで下が定規。ものさしは起点から目盛りが始まっているのに対し、定規は途中から始まっている。

No.144

# 「参考」と「参照」の違い

事実確認に便利なツールといえば、何と言ってもインターネットです。その他にも、多くの人がさまざまな文献から情報を参考にしたり参照したりしています。

あれ？　「参考」と「参照」。この二つの言葉は、どのように使い分ければいいのでしょうか？

例文で考えてみましょう。

本書の記事を作成する場合、まずはテレビ番組やインターネット上、日常生活で疑問に思ったことを「参考」にし、その事実確認や信憑性を確かめるために、インターネットや書籍を「参照」します。

参考とは、人の意見や文献などから、自分の意見を決定付けたり、作品のインスピレーションを得ることをいいます。

一方の参照は、そのデータや意見などが本当に正しいかどうか、各種資料などを元に照らし合わせることをいいます。

つまり参照するためには文書や映像など、目に見えるデータが必要であるとも言えるわけです。

No.145

# 「回答」と「解答」の違い

「回答」と「解答」。読み方は同じ「かいとう」ですが、その使い分けをしっかりと理解していますか？

物事に答えるのは、何も試験や面接だけとは限りません。街中を歩いていると突然「アンケートにご協力願えますか？」と声をかけられることもあるかと思います。ではアンケートに答えるのは「回答」でしょうか？「解答」でしょうか？

回答とは、正解のない答えに対して使われます。例えば先ほど例に挙げたアンケートなどは、正確な答えというものはありません。同様に「好きな食べ物は何ですか？」といったような質問に対しても正確な答えというものは存在しないため、回答という言葉を使うのが正しいです。

一方の解答は、回答とは逆に正確な答え、つまり正解がある問いに対して使用します。テストの答えであったり、クイズの答えであったりとさまざまですが、その先には必ず正確な答えがあるのです。

No.146

# 「デマ」と「ガセ」の違い

「デマかせ」「ガセネタ」などという言葉がありますいずれも間違った情報や嘘などを指す言葉ですが、そのニュアンスには違いがあります。

デマの語源はドイツ語の「デマゴギー(demagogie)」であると言われます。デマゴギーは単なる嘘や誤った情報を指す言葉ではなく、その嘘や情報によって感情を変化させ、何らかの行動を起こさせるという意味があります。

例えば料理屋を営んでいる主人が「あの店の料理はマズい」とライバル店の評判を落とす情報を流すのは「デマ」です。

つまりその情報の中には意図的な悪意が含まれているのです。

一方のガセは「お騒がせ」からきていると言われます。デマとの最大の違いは、その情報に悪意がないことです。

つまりは勘違いや思い違いから発せられた情報なのです。別の言い方をするならば、単なる噂話という捉え方もできるでしょう。

No.147

# 「賀正」と「謹賀新年」の違い

ハッピーニューイヤー。英語ではこんな簡単な文章も、日本語になると「あけましておめでとうございます」から始まり、「迎春《げいしゅん》」「慶春《けいしゅん》」「賀春《がしゅん》」などとさまざまな言い方があります。本項では、年賀状でよく使うフレーズである「賀正」と「謹賀新年」の違いを説明しましょう。

注意すべきはその使い分け方です。前述した言葉の例は「賀詞《がし》」と呼ばれるもので、祝い事へのメッセージとして書かれる文句です。今回の例では新年を迎えるにあたっての賀詞です。年賀状に書くにあたって、誰に送るかによって使い分けましょう。

賀正とは「あけましておめでとうございます」といった意味で、非常にフランクな言い回しです。基本的に目上の方に対して使ってはいけません。

一方の謹賀新年は、「謹んで初春のお慶びを申し上げます」といった敬意が含まれています。目上の方にはこちらを使うべきであり、目下の人に使っても問題のない便利な賀詞です。

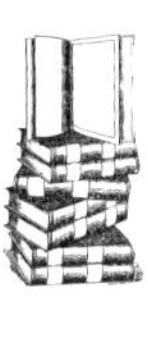

No.148

# 「裸足」と「素足」の違い

「裸足」も「素足」も靴下やストッキングなどの履物を履いていない状態を指しますが、厳密にどういった違いがあるのでしょうか？

その違いは、履いた後の行動によって分かれているのです。

裸足は履物を履かずに歩いたり、または履物を履いていない足そのものを指す言葉です。この場合の履物は、靴下だけでなく、靴や下駄などの履物も含まれています。

そのため、芝生の上を靴と靴下を脱いで走ることを「裸足で走る」といいますが、「素足で走る」とは言いません。

一方の素足も、履物を履いていない状態を指しますが、この場合の履物は靴下やストッキングなど、下着の部類に属する衣類に限られています。そして、靴下やストッキングなどを履かずに靴を履いている状態や、下駄を履いている状態が素足です。

つまりは「裸足のまま靴を履く」ことはありえず、「素足のまま靴を履く」のが正しい表現と言えるわけです。

No.149

# 「死体」と「遺体」の違い

どちらもこの世を去ってしまった方を意味する言葉です。厳密に使い分け方が存在するのでしょうか？

まずはこれらの言葉を辞書で引いてみると、次のようにあります。

**死体……死んだ人間・動物のからだ。生命の絶えた肉体。**

**遺体……死んだ人のからだ。なきがら。**

これでは同じ意味であると感じてしまうかもしれませんが、動物は「遺体」には含まれていない点で、違いがあります。

遺体の意味について重要な記述は次の一点です。それは「魂が去って遺《のこ》された身体の意」ということ。死体はそれ自体を物として扱うような言い回しですが、遺体の場合は死体よりも丁寧な言い方で、その人の人間性を込めています。

マスコミなどでは、身元がわかっている場合は遺体、身元不明の場合を死体と区別して使う場面が多く見られます。

No.150

# 「Webサイト」と「ホームページ」の違い

最近では「詳しくはWebサイトで！」という宣伝文句も聞き飽きてきました。同じく「ホームページ」という言葉もありますが、違いは何なのでしょうか？

Webサイトとは、インターネット上に存在するすべてのWebページの集まりのことを指します。この場合の集まりとは、同一ドメインであることを前提としています。

私が運営するサイトでいえば、ドメインとは「http://gaku-sha.com」でいうところの「gaku-sha.com」の部分。右記のドメインを先頭に「http://gaku-sha.com/記事ページ名」という形で各Webページが存在しています。

対してホームページは、インターネットエクスプローラーやグーグルクロームといったWebブラウザ起動直後の画面のことなのです。大抵はヤフーやグーグルなどの検索エンジンをホームページにしますが、現在ではホームページの定義も広がり、SNSサービスのログインページやユーザーページもホームページと呼ばれるようになりました。

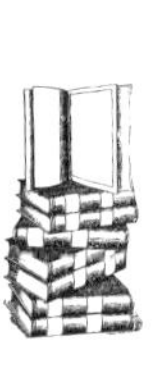

No.151

# 「ジンクス」の正しい使い方

「今日は7の付く日だからギャンブルに勝てるんだよ」「3回目にバッターボックスに立つと必ずヒットが打てるんだ」というような、縁起担ぎのことを「ジンクス」と言っていませんか？

ジンクス（jinx）は、ギリシャ語でキツツキの一種であるアリスイを意味する「ジンクス（jynx）」からきていると言われています。アリスイは、その首を180度後ろに回せることから不気味がられ、悪いことが起こる、不吉であるとされていました。

例えば「ネコが顔を洗うと雨が降る」「クロネコが前を横切ると不吉なことが起こる」などです。それ以外にも死を連想させることから4という数字を使わないというのも、一種のジンクスです。

つまりジンクスとは、良い意味での縁起担ぎで使う言葉ではなく、悪いことの前触れとして使う言葉なのです。

ジンクスの語源となったアリスイ（© Arnstein Rønning ）

No.152

# 最も長い英単語は18万9819文字

最も長い英単語は、なんと18万9819文字もあります。

動画投稿サイトには、この文字を読み上げるだけの動画がアップロードされていますが、その再生時間は3時間半にも及びます。いったいその英単語にはどのような意味があるのでしょうか？

さすがにここにその文字を書くことはできませんが、単語が意味するものは、あるタンパク質です。

それは、骨格筋の収縮に関わるタンパク質「チチン」のことです。長さが1マイクロメートルを超え、タンパク質の中で最も巨人です。ギリシャ神話に登場する巨人「タイタン」に由来して名付けられました。

それがなぜ19万文字近い表記になるのかというと、化合物の命名法であるIUPAC名に基づいているからです。

その巨大さから、チチンを構成するアミノ酸の数も多く、すべてを化学式で表そうとすると、18万9819文字もの長さになってしまうのです。

No.153

# 「お蔵入り」は蔵に入れるわけではない

映画や舞台など、大ヒットすればロングラン公演がされて興行収入も破格の桁を叩き出しますが、その裏には数々の「お蔵入り」作品があります。

お蔵入りとは、いわゆる「ボツ」になってしまった作品のことを指します。これが、日の目を浴びないことから蔵にしまわれるというイメージがありますが、語源は全く違う意味でした。

昔から、舞台や演劇などの最終日のことは「千秋楽《せんしゅうらく》」と呼ばれてきました。この千秋楽のことを、業界では「楽《らく》になる」と言っていました。これが現代のテレビ業界の用語のように言葉を逆さまにされ、「クラになる」と呼ばれ出します。

千秋楽と聞くと、仕事の終わりを祝うようなイメージがあるかもしれませんが、売り上げの悪い作品にとっては別問題。人が入らず早くに千秋楽を迎えることになってしまうため、そのような作品は「クラになった」と言われてしまいました。こうして「おクラ入りになった」という言葉が誕生したのです。

No.154

# 「苦肉の策」ってどういう作戦？

現代では「追い込まれて出した苦し紛れの作戦」といった意味合いで使われることが多い「苦肉の策」という言葉。

ですが、本来の「苦肉」とはどのような作戦を指しているのでしょうか？

「苦肉の策」という言葉は、1世紀の中国における、戦争の戦術を書いた『兵法三十六計』という書物に登場します。

この書物はその名の通り、36種類の戦術が記述されたもので、苦肉の策はその34個目の戦術として次のように書かれています。

「人間は自分自身を傷つけることはしない。害を受けたのであれば必ず他人から受けたものだ」

このような心理に基づいて、苦肉の策は「敵を騙すために用いられた戦術」のことを指しているのです。

つまりは「苦し紛れの作戦」という意味ではなく、現代における偽装工作やその工作員として立ち回ることを、「苦肉の策」と呼んでいたのです。

No.155

# 「ムショ帰り」のムショは「刑務所」ではない

ムショに入る、ムショから出てくるなどと言うように、「刑務所」を略して「ムショ」と呼びます。

確かにこの呼び方に間違いはありませんが、この言葉の由来は別の言葉からきているのです。

現在使われている「刑務所」という名称は、1922年から使われました。それ以前の名称は、「監獄」です。

ただし、これは1908年に成立した監獄法に基づき使われた言葉で、江戸時代には「牢屋敷」「牢屋」などと呼ばれていました。

この牢屋敷には、別の呼び名がありました。それが「虫寄場《むしよせば》」という呼称です。

牢屋が虫カゴのような形をしていたからですが、食事の麦と米の割合が6対4であった＝「六四《むし》」だった、ということも関係しているとされています。

この「虫寄場」という言葉が省略されて「ムショ」と隠語で呼ばれ始め、それが現代まで受け継がれてきたのです。

No.156

# 「泥酔」の「泥」は「どろ」ではない

酒にひどく酔っている状態のことを「泥酔」といいます。

「泥のように酔う」という意味ですが、それはつまりグデングデンに酔っ払ったさまが、まるで「どろ」のように見えたことが語源なのでしょうか？　いいえ、違います。

言うまでもなく、泥《どろ》とは水が混じって、柔らかくなった土のことです。確かに千鳥足でフラフラと歩くそのさまは、まるでグニャグニャと形を変える泥のようではあります。

しかし、泥酔の語源は違うところからきています。

泥酔の「泥《でい》」とは、中国の『異物志』に登場する空想上の虫のことなのです。

この虫には骨がなく、水がないところではまるで泥水のようにグニャグニャになってしまいます。

その様子が酔っ払いを連想させるということから、「泥酔」という言葉が生まれたのです。

No.157

# 「確信犯」は悪いとわかって行う犯行ではない

「確信犯」という言葉は、日常的によく耳にする言葉です。犯罪などの悪い意味によく使われますが、「そうなるだろうとわかっていながらされる行為」を指す、と思っている方が日本人の6割にものぼるそうです。しかし確信犯の本当の意味は違うのです。

「確信犯」とは、ドイツの刑法学者グスタフ・ラートブルフが提唱した法律用語で、「自分が行うことは良心に照らし合わせて正しく、社会や政府の命令、議会の立法こそが間違っている」と信じて行う犯罪のこと。

つまり自分自身の考えに〝確信〟をもって法を〝犯す〟というところから「確信犯」という言葉が生まれたのです。

該当するのは、反社会テロリズムなど。彼らが自分たちの行いが世を正すと考えて行動をしていれば、それは確信犯です。その行為が法を犯すものなのか、処罰を受けるものなのかは問題ではありません。

現代では「わざと悪いことをする」と捉えられがちなこの言葉。本人の立場からしたら真逆の意味になってしまっているのです。

No.158

# 水死体を「土左衛門」と呼ぶのはなぜ？

江戸時代をテーマにしたドラマや小説でよく出てくる「土左衛門《どざえもん》」という言葉。水死体のことを意味しますが、なぜ土左衛門と呼ばれるようになったのでしょう？

水死体は一度水底に沈むものの、時間とともに腐敗ガスが溜まり水上へと浮かんできます。この際に身体は水を吸ってブヨブヨに膨らんでしまいます。この姿が江戸時代に実在した相撲取り「成瀬川土左衛門」に似ているとされたのです。

彼は非常に色白でアンコ型の体型をしていたため、まるで水死体のようだということから、水死体＝土左衛門という呼び名が定着してしまったのです。

江戸時代には、水死体が上がることは珍しいことではありませんでしたが、当の本人、土左衛門の死因は溺死ではないと言われています。

また、力士の四股名《しこな》は襲名されることが多いですが、このことが影響したのか、成瀬川以降は襲名されることはありませんでした。

No.159

# 「安全第一」には続きがある

工場や建設現場、工事現場などにおいて、「安全第一」と書かれた標識を見たことがある方は多いと思います。実はこのスローガンは1900年代初頭にアメリカにて生まれた言葉で、それが世界中に広まりました。そしてこのスローガンには、第二、第三といった具合に続きがあるのです。

当時のアメリカでは、より多くの物を生産できるようにする体制でモノづくりがなされていました。品質は二の次、ましてや安全面などは全く考慮されていなかったのです。

それに異議を唱えたのが、アメリカの製鉄会社の社長であったエルバート・ヘンリー・ゲーリー。彼は生産数や品質よりも、従業員の安全を第一に考えるべきだと改革したのです。これにより、労働中の事故や怪我が激減して品質の向上と生産数の増加に繋がり、景気の波にも乗ることができたと言われます。

このことから誕生したスローガンが「安全第一、品質第二、生産第三」というスローガンなのです。

No.160

# 遭難信号の「ＳＯＳ」に意味はない

ＳＯＳとは言わずもがな、緊急時の救助信号のことです。

このＳＯＳとはなんの略なのか、語源は何なのか気になるところですが、実は意味などないのです。

ＳＯＳはモールス信号で表され、モールス信号とは短点「・」《トン》と長点「—」《ツー》を組み合わせて文字に変換する通信手段です。

一説によると「Save Our Ship（私たちの船を助けて）」や「Save Our Souls（私たちを救って）」の頭文字を取ったものだと言われることがありますが、これは間違い。

モールス信号でＳＯＳを打つ場合は「・・・———・・・」となります。

この単純な信号が、覚えやすい上に緊急時でも間違いが少ないとして採用されているのです。

つまり、ＳＯＳが遭難信号であることに間違いはありませんが、その語源もなければ何かしらの略称でもなく、前述したような意味などないのです。

# 5章　人体・スポーツの博学知識

No.161

# 食事をとらなくても空腹を感じないことがある?

朝起きてから何も口にしていないのに、全然お腹が空かない、という経験をしたことはありませんか? 逆に、食べたばかりなのに空腹を感じることもあるでしょう。人間はどのようにして空腹を感じるのでしょうか?

実は、人間は胃袋に食べ物が入っているかどうかで空腹感を判断しているわけではありません。空腹を感じるのは胃ではなく、脳なのです。脳は血中の血糖値の低下によって空腹を感じるのです。

脳は単純に血糖値で空腹を判断するため、食事をとらなくても、必要な栄養素だけを摂取していれば空腹は感じません。病院の点滴だけで何日も過ごすことができるのも、このためです。

例えば、ダイエット中なのに中途半端な時間にお腹が空いて間食してしまうことが多い場合、これを回避するためには、チョコレートなどの糖質の高いものをほんの少し食べるだけでも、空腹感はかなり抑えられるといいます。もちろん、食べ過ぎては元も子もありませんので注意を。

No.162

# 「別腹」は脳が胃につくらせている

たらふく食べて、もうお腹いっぱい！　でもデザートは平気で食べてしまう。「デザートは〝別腹〟だから」とよくいいますが、本当に別腹は存在するのでしょうか？

実際に人間に胃袋が二つあるわけもなく、デザート用のスペースが確保されているわけでもありません。人間の食欲は、胃袋の膨らみ方によってではなく、脳からの命令によって制御されています。

面白いことに、大好きな食べ物を目の前にすると、脳の視床下部からオレキシンというホルモンが分泌されます。するとどうでしょうか、満腹だった胃袋のぜん動運動が促進され、胃袋にスペースが生まれるのです。これが〝別腹〟の正体なのです。

ちなみにオレキシンはギリシャ語で「食欲」を意味する「orexis」から名付けられたホルモンですが、実は食欲以外にも睡眠欲も制御することがわかっています。もしオレキシンを分泌する細胞がなくなった場合、睡眠障害に陥ることも判明しています。

No.163

# 肝臓がこなす仕事は500種類以上

沈黙の臓器と呼ばれる肝臓。病気になっても初期症状がわかりにくく、臓器がダメになる直前に悲鳴をあげることからこう呼ばれるのですが、その仕組みを理解すると、沈黙加減がどこか寡黙な職人のように思えてきます。

肝臓の仕事は大きく三つに分類されます。まずは代謝です。糖分、タンパク質、脂肪分などを貯蔵し、エネルギーに変換して体内へ供給します。

次に解毒。アルコールや薬などに含まれる有害な物質を分解し、身体に害がないように解毒します。

最後が胆汁の分泌です。老廃物を流すための胆汁を分泌します。この胆汁は脂肪の消化吸収を促す役割も担います。

しかし、肝臓の仕事はこれだけにとどまりません。血糖値や体温を調節する機能も携わっており、細かく分類すると、判明しているだけでも500種類以上もの仕事を肝臓でまかなっているのです。

それだけ大事なものですから、無理をしないように日頃から摂生するようにしましょう。

## No.164
# 「食べてすぐ寝ると牛になる」のは嘘？

「食べてすぐ寝ると牛になる」ということわざがあります。

しかし、むしろ日本人の体の構造からすると、すぐに横になった方が消化促進につながって体にいいとされているのです。

日本人の胃は、次の二つのタイプが多くみられます。釣り針のように曲がった形の「鉤《こう》状《じょう》胃《い》」と、胃の入り口が出口よりも下にある「爆《ばく》状《じょう》胃《い》」です。これらのタイプの胃を持つ人は、食べ物が胃に溜まりやすく、消化不良を感じやすいのです。

そのため、このような胃の形状を考えると、右脇腹を下にして横になることで、より効率よく消化が行われるのです。

ただし、ここで重要なのは、「寝ると牛になる」ということが「睡眠」ではなく、あくまでも「横になる」という点です。眠ってしまっては肥満の原因になってしまうので、注意が必要です。

■日本人に多い胃の形

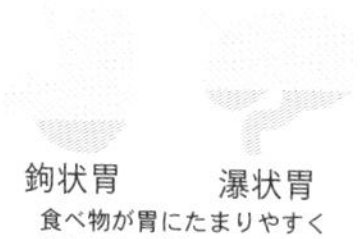


食べ物が胃にたまりやすく
消化不良を起こしやすい

No.165

# 居眠り中に「ビクッ」となる現象は「ジャーキング」

机につっぷしてついついうたた寝。気持ちいいなぁと思った矢先に体が「ビクッ」となって目が覚める。そんな経験をしたことがある人は多いのではないでしょうか。実はあの現象には、名前が付いているのです。

この現象の正式名称は「ジャーキング」といいます。睡眠時の筋肉の弛緩を、高所から落下したと脳が勘違いして神経伝達するから起こるのだと言われています。

ジャーキングの主な原因は、睡眠時の姿勢の悪さ、心身ストレス、寝具環境の悪さなど。ジャーキングを起こしても健康には問題がないとされていますが、自分に合った寝具を使用していて、特にストレスもなくベッドで就寝しようとしているのにジャーキングが起こるような場合は、周期性四肢運動障害という病気の可能性があります。

周期性四肢運動障害は、睡眠中に本人の意思に関係なく手足が動いたりする病気です。原因は解明されていませんが、正しい食生活、適度な運動、タバコやアルコール、カフェインの摂取を控えることが大切だと言われます。

No.166

# 尿検査の尿はなぜ朝起きてすぐのものなのか？

尿検査は、健康診断の最もポピュラーな検診の一つです。小学校や中学校の時に朝起きてすぐに尿をコップに採取し、学校へ持っていった、という思い出もあることでしょう。

ではなぜ朝起きてすぐの尿でなければいけないのでしょうか？

尿検査の主な目的は、尿成分の中に異常な成分が含まれていないかを確認することにあります。タンパク質、糖、血液などがそれにあたります。健康状態の尿には、これらの成分が含まれていません。

もし尿にタンパク質が含まれていれば、腎疾患や尿路系の異常、糖の場合は糖尿病、血液の場合は尿路系の炎症や結石といった病気が疑われます。

しかし健康状態の人でも、食事や運動などの影響により、これらの成分が検出されることがあります。

朝起きてすぐの尿は睡眠中に作られるため、食事や運動の影響を受けづらく、より正確な健康状態を調べることができるのです。

No.167

# 我慢したオナラは血液に溶ける

人前でオナラをするのはとても恥ずかしいものです。そんなときは、グッと我慢すれば意外と堪えられるものですが、それでは我慢したオナラは、いったいどこへ消えていっているのでしょうか？

そもそも、オナラが発生するのはなぜなのでしょう？

それは、食べ物を食べる際に一緒に空気を飲み込んだり、腸内で食べ物が分解される際にガスが発生したりするからです。これらがいわばオナラの正体。早食い、食べ物をよく噛まない、運動不足、姿勢が悪い、などの悪い生活習慣によってもガスが発生しやすくなってしまいます。

しかも、オナラを体外に排出しなかった場合、それらはなんと腸内の壁に吸収されて血液に溶け込んでしまうのです。

そして血液によって運ばれたオナラは、尿と共に排出されることもありますが、肺に到達した場合は口臭の原因となってしまうことも。その他の内臓にもいい影響は与えないので、我慢するのは体に毒なのです。

No.168

# 熱いものを食べるとなぜ鼻水が出る？

寒い季節になると、ラーメンや鍋などが恋しくなるものです。ただ、熱いものを食べるとなぜだか鼻水が出てきます。ラーメンをズルズルとすすりながら、鼻水もズルズルすするのはなんとも嫌な気分になりますが、なぜ鼻水が出てきてしまうのでしょうか？

鼻水が出るメカニズムにはいくつかの理由があります。まず、熱い湯気を鼻水の気化熱で冷まそうとする冷却作用。熱さの刺激を和らげようとする、体の反射的な防御反応なのです。体には、体内の環境をできるだけ一定に保とうとする働きがあり、鼻の中で熱気という刺激を感じたときは、鼻水を出して熱を冷まそうとするのです。これは熱くて汗をかくメカニズムと同じです。汗をかくことで体を冷却しているのです。

このメカニズムは何も熱いものを冷やす役割だけではありません。体温を一定に保とうとする働きは、寒さを感じたときにも作用します。暖かい室内から、寒い室外に出た際に鼻水が出てくるのも、急激な温度変化によって鼻の粘膜が傷つくのを守っているのです。

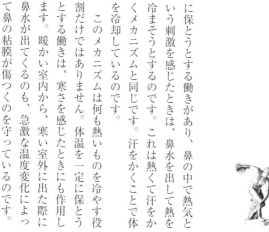

No.169

# 辛いものを食べるとなぜ鼻水が出る？

熱いものを食べたときと同じように、辛いものを食べても鼻水が出ることがあります。いったいなぜなのでしょうか？

辛さによって鼻水が出てくるのは、体の中の自律神経が関係しています。

自律神経は、循環器、消化器、呼吸器などの活動を調整するための神経系で、体の活動時や昼間に活発になる交感神経と、安静時や夜に活発になる副交感神経があります。

この内、鼻水の量をコントロールしているのは副交感神経です。

辛いものを食べると、舌と胃粘膜にある辛味に対するセンサーが反応し、交感神経と副交感神経が両方とも活性化します。交感神経の働きで、汗が出る一方、副交感神経の作用によって、唾液や消化液、そして鼻水の分泌が増えるのです。

辛さの刺激によって鼻水が増えるこの現象は「味覚性鼻炎」と呼ばれます。ただしこの反応は個人差があり、汗が多く出る人もいれば、鼻水ばかりが出る人もいます。もちろん両方出る人もいます。

No.170

# 貧乏ゆすりは身体にいい

つい無意識のうちにヒザをカタカタと揺らしてしまう「貧乏ゆすり」。

一般的に行儀の悪い行為とされ、嫌悪感を抱かれることが多いですが、じつは貧乏ゆすりは健康のためにいいことが沢山あるのです。

例えば、貧乏ゆすりをすることにより、ふくらはぎの血流がよくなるというデータがあります。ふくらはぎは足腰に滞りやすい血液を心臓へ送り返す働きがあり、この筋肉が動くと全身の血行が良くなります。結果的に身体全体の体温が上がり、むくみや冷えなどが解消されます。

また、飛行機などの座席で長時間過ごしたため、静脈にできた血栓が肺の血管などに詰まって起こる「エコノミークラス症候群」の予防にも役立つとされます。

しかしこのような健康の意識への認知度はまだまだ低く、日本国内だけでなく海外でも貧乏ゆすりはマナー違反とされ、冷たい目で見られてしまいがちです。貧乏ゆすり健康法を実践する場合は、くれぐれも周囲の視線を気にした方がいいかもしれません。

No.171

# 平熱時に解熱剤を飲んでも熱が下がらない理由

インフルエンザなどにかかると、諸症状と共に高熱に悩まされることがあります。熱が高いと意識は朦朧とし、立ち上がることすら困難になってしまいます。

そんなときは解熱剤を飲むことで高熱の症状から解放されますが、この解熱剤を平熱時に飲んでしまうとどうなるのでしょうか？

まず、熱が上がっている時でさえ、解熱剤の使用には細心の注意が必要ですので、平熱時に飲んでしまうのはもってのほかです。意図的に行うのは避けてください。

しかしもし間違えて飲んでしまっても、熱が平熱よりも下がるわけではありません。

人間の体温は、脳の中の視床下部《ししょうかぶ》にある、体温調節中枢によって調整されています。ウイルスなどに感染すると、体温を上昇させることでウイルスと戦ってくれるのはご存じでしょう。

解熱剤はこの働きを正常な状態へと戻してくれる薬なので、もともと正常な状態である平熱時に解熱剤を飲んだとしても、熱が下がることはありえないのです。

No.172

# なぜ顔には鳥肌が立たないのか？

寒いときや怖いとき、嫌な音や映像を見聞きしたとき、感動したときまでも鳥肌が立ちます。腕や背中などに鳥肌が立つと、まさに毛のないニワトリの肌のような感じがして、気持ち悪さすら感じます。

しかし、なぜか顔には鳥肌が立ちません。その理由は何なのでしょう？

鳥肌は、体毛の先にある立毛筋《りつもうきん》が収縮することによって起こります。人間の場合は感情の変化によって交感神経が刺激され、鳥肌が立ちますが、その効果は体温調整にあります。毛穴をギュッと締めることによって体の熱が発散されるのを防いでいるのです。

実は、わかりにくいのですが、顔にも立派に鳥肌は立っているのです。顔は血行がいいために寒さにも強く、おまけに腕などに比べて立毛筋が退化しているため、鳥肌が立っても目立たないだけなのです。

なお、ネコやサルなどの動物の場合は、立毛筋の収縮は威嚇に使われます。毛穴を閉じて毛を立てることによって、体を大きく見せるのです。

No.173

# 人間の血管を繋げると長さ10万キロ

血管は人間の身体の隅から隅まで余すところなく張り巡らされています。

そのすべてを繋げた場合、長さはいったいどのくらいになると思いますか？

血管の役目は言わずもがな、血液を運ぶことです。血液中には酸素など、生きるために必要な物質を沢山含んでいます。

血管には心臓から血液が送り出されるための「動脈」、心臓へ戻るための「静脈」、そしてその二つを繋ぐ「毛細血管」があります。

この血管すべてをバラバラに分解して一本の紐状にすると、無数の数になります。これらをすべて繋げると、長さはなんと10万キロメートル。地球およそ二周半分の距離にもなるというから驚きです。

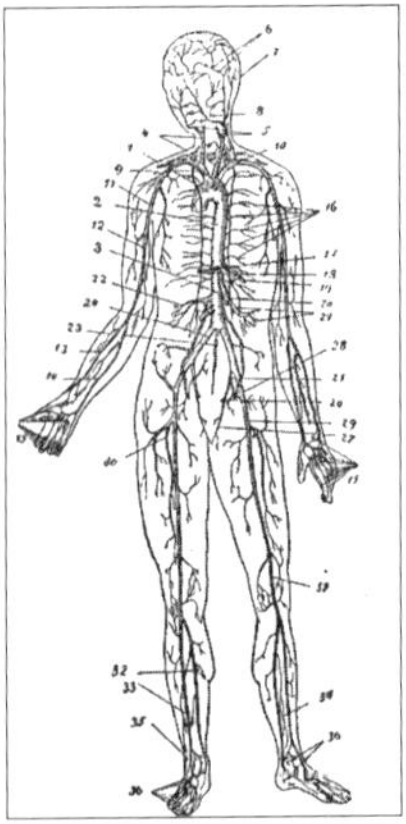

人体図。心臓から出た血液は体内を巡り、約30秒で戻ってくる

No.174

# 自分で息を止めて窒息死することはできない

物騒な話ですが、自殺をする方法はいくらでもあります。例えば窒息死。首吊りや水を使っての溺死も窒息死の部類といえるでしょう。では物を使わずに、自分の意思だけで窒息死することはできるのでしょうか？

呼吸に関する脳からの命令は、大きく分けて2種類あります。一つは脳幹にある呼吸中枢からの命令で、無意識に繰り返す呼吸です。このおかげで睡眠中でも呼吸をすることができるのです。もう一つは、随意運動《ずいいうんどう》といい、自己の意思によって行われる呼吸です。

自分で息を止めようとすれば、随意運動を行うことになりますが、そうすると迷走神経を通じて脳幹に対して「呼吸をしなさい」という命令がなかば強制的に伝わります。この呼吸反射は「ヘーリング・ブロイウェル反射」と呼ばれています。

もしも根性だけで息を止め続けたとしても、死を迎えるより先に意識が失われます。すると「息を止める！」という意思は途絶え、ヘーリング・ブロイウェル反射によって自動的に呼吸が再開されてしまうのです。

No.175

# 妊娠中に妊娠することがある

基本的に、人間をはじめとした哺乳類は、一度妊娠をすると、胎児を出産するまでは他の子を妊娠することはありません。しかし奇跡的な確率で、妊娠中に妊娠してしまうことが起こり得るのです。

女性は一度の排卵で一個の卵子を放出し、精子が卵子の中に入ることができると受精となります。受精後は卵子の性質が変化することで、他の精子が卵子に侵入してくるのを防ぐのです。

しかし極々稀に、右記の行動が短期間のうちに二度行われることがあります。それが「重複妊娠」と呼ばれるものです。双子とは違うために胎児の成長度合いにも差がみられます。

このようにして誕生した胎児はミラクルベイビーとも呼ばれ、世界中でまだ10件ほどしか報告されていません。その確率数百万分の一ともいわれる、まさに奇跡の子なのです。

近年では2016年11月に、オーストラリアの女性が10日間で二度の妊娠をしたとしてニュースになりました。

No.176

# 赤ちゃんの骨の数は成人と比べると約100個も多い

生まれたばかりの赤ちゃんは、少しブヨブヨとしていて弾力があります。

その小さな体には、大人よりも約100個も多く骨が存在しているというのですが、体が大きな大人の方が骨の数が少ないとは不思議なものです。いったいなぜ、赤ちゃんにはこんなにも多くの骨があるのでしょうか？

健康な大人の場合、全身の骨の数は206個あるとされます。それに対して赤ちゃんの骨は300個。これは、新生児が成長する過程で、軟骨の状態で離れていた骨同士がくっついて一つの骨になっていくためです。

赤ちゃんは、狭い産道を通って生まれてきます。この際、骨同士が重なり合って、できるだけ身体を小さく縮めているのです。

産まれた後の赤ちゃんは、成長に従って骨がくっついていきます。例えば頭のてっぺんの骨は一つの大きな骨でできていますが、赤ちゃんの頃は四つに分かれているのです。

このように、体中のあらゆる骨という骨が細かく分割されているのです。

No.177

# 雪山で雪による水分補給はNG

雪の降る季節になると「ゲレンデで滑走コースから外れたスキーヤーが遭難し……」というニュースを聞くことがあります。決して指定されたコース以外は滑ってはいけませんが、万が一遭難した場合に備えて、救命方法を知っておくのもいいでしょう。

雪山での遭難時に最も大切なことは、体力の温存と体温の確保です。むやみに動き回ってはいけません。可能ならばその場でかまくらを作るなどして、寒さをしのぎましょう。これで体力と体温の両方を確保できます。

次に重要なのが水分の補給です。辺り一面は雪なので、これを食べれば簡単に水分が得られる、と思ったら大間違い。雪をそのまま食べると急激に体温が失われて下痢や脱水症状が起こり、体力まで奪われてしまうのです。

どうしても雪から水分を補給したい場合は、一度溶かしてから口の中に入れるようにしましょう。何も道具がなければ手のひらで雪を溶かすのも一つの手段です。それも嫌な人は、飲み込む前にしっかりと口の中で溶かしてから飲み込むといいようです。

No.178

# 雪山で「寝たら死ぬぞ！」は嘘

テレビドラマなどでよくあるシーン。雪山で遭難したカップルが山小屋に避難している。「寝るな！　寝たら死ぬぞ！」。懸命に眠りそうな彼女を揺り起こす彼氏。

しかし生存率を高めようとするこの行為には間違いがあるのです。

雪山で遭難した場合に重要なのは、体力の確保です。遭難から脱しようと無駄に動き回ってみたりしては、体力を消耗してしまいます。また、体が濡れていたりした場合は低体温症になってしまい、死へのカウントダウンを導くことになります。

そうならないように、まずは体力の温存を心がけましょう。前述した例でいえば、山小屋があれば雪風が防げますので、極めてラッキーです。そうでない場合はかまくらなどを作ることをオススメします。

次に絶対に必要なのが、体温の確保です。毛布や寝袋があるのなら言うことなし。体温が下がらないように注意さえすれば、睡眠をとることで体力を回復、保持したほうが、生存率が高まるのです。

No.179

# 頭髪発育に海藻は効果なし？

頭髪が薄くて悩んでいる方は多くいます。昔から頭髪を育成するにはワカメやヒジキなどの海藻類を摂取した方が良いと言われますが、残念ながら効果はあまりないのです。

海藻にはビタミンやミネラル、食物繊維が豊富に含まれています。これらが頭髪にいい影響を与えることに間違いはありません。ただしそれは、髪の毛のツヤなどの質を高めてくれるという効果なのです。

髪の毛の成分の大半はタンパク質で構成されています。それ以外でもケラチン、イソフラボン、カルシウム、各種ビタミン、ミネラル類、アミノ酸類、必須脂肪酸類、各種補酵素などなど、非常に多くの栄養素が髪の毛の発育には関係しています。

つまり、海藻類だけを摂取しても髪の毛が多く生えてくることはありません。常日頃からバランスのいい食生活を心がけることが大切なのです。

また、代謝や免疫力が落ちていると、効率的に栄養分を吸収できなくなるため、日頃から適度な運動なども心がける必要があります。

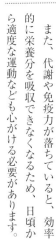

No.180

# 虫歯があると宇宙飛行士になれない

人類が月面に立ってからおよそ50年。日本人宇宙飛行士も多く誕生し、宇宙という存在も身近に感じられるようになりました。近い将来、一般人でも宇宙へ行くことが可能になることも大いに想定できますが、宇宙に行ってみたいという方は、まずは歯科を受診する必要があるのです。

宇宙飛行士であっても、打ち上げ前に歯科検診を行います。これは宇宙に旅立ってからではしばらく治療ができないから、というのが理由ではありません。

船外活動をするときの宇宙服の中は、約0・3気圧に減圧されています。この場合、虫歯のせいで歯に空洞があると、減圧に従って空洞の中の空気が膨張し、歯を内側から圧迫するため痛みが生じる可能性があるのです。

もし虫歯があったとしても、しっかりと治療を行っていれば、詰め物などをしていても問題はありません。宇宙に行ってみたい方、まずは日々の歯へのヘルスケアを心がけましょう。

No.181

# 箱根駅伝はアメリカ横断レースの予選会だった

箱根駅伝、正式には「東京箱根間往復大学駅伝競走」は、毎年1月2日と3日の二日間にわたって行われます。21のチームが対抗する駅伝の競技会で、お正月の恒例行事としてすっかり定着しています。

しかしこの箱根駅伝、第1回大会はお正月ではなく、1920年2月14日と15日に実施されていました。

実は箱根駅伝は、長距離選手の育成を目的にした「アメリカ大陸横断駅伝」の参加選手を選抜するために行われました。そのコースとして、アメリカ大陸横断コースで最も大きな障壁となるであろうロッキー山脈の走破を見据え、日本の山越えコースである東京～箱根間が選ばれたのです。

この第一回箱根駅伝開催に尽力したのが、1912年のストックホルムオリンピックにマラソン代表で出場した金栗《かなくり》四三《しそう》です。金栗は有志とともに資金集めや参加校の呼びかけを行います。大陸横断駅伝は実現しませんでしたが、日本マラソン界の発展を願う彼らのおかげで、現在の箱根駅伝があるのです。

No.182

# 走り幅跳びのルールは意外と自由

オリンピックの公式種目であり、小中学校の体育の授業で必ず行う走り幅跳び。その種目がどんなものであるかは改めて説明するまでもないでしょう。

助走をつけて飛距離を競う。公式ルールでも細かいことは気にせず、とにかく遠くに跳べばいいという比較的自由な競技なのです。

まず、重要なのは助走です。助走距離は助走路と呼ばれるエリア内であれば、どれだけ長い距離を走っても構いません。逆にいえば、全く助走をしないで跳んでもいいのです。

また、走り方も自由です。バック走をしてもいいですし、フィギュアスケーターのようにクルクルと回転しながら走っても問題ありません。

しかし、こんなに自由な走り幅跳びでも、やってはいけないことがあります。それは、ジャンプ時に体操競技のような空中回転をすること。実際に1974年頃に飛距離を伸ばすために空中回転をする跳び方が考案されましたが、危険であると判断されたため、すぐに禁止されました。

No.183

# 甲子園の土はどこからやってくる？

白球に想いを込め、敗れていった球児たちが涙を流しながら土を袋に詰める。春夏の甲子園での風物詩とも言える感動的なシーンです。毎年大量の土が球児たちによって持ち帰られますが、いったいあの土はどこからやってくるのでしょうか？

甲子園で使われる土は、黒土と白砂をブレンドしたものです。春は雨が多いため砂を多めにして水はけをよくし、夏はボールを見やすくするために、黒土を多くブレンドしています。

この土が甲子園から出ていく量は、年間にしてなんと2トン。これだけの土を毎年持って帰られると、甲子園球場の土は枯れ上がってしまいます。

そこで毎年、春夏の大会が終わった年二回、土を補充しているのです。

主な黒土の産地は、岡山県日本原、三重県鈴鹿市、鹿児島県鹿屋市、大分県大野郡三重町、鳥取県大山などで、白砂に至っては、国内だけでなく中国福建省からも輸入されているとのことです。

No.184

# 左利きを「サウスポー」と呼ぶのは野球由来

ボクシングやテニスといったスポーツから、楽器の演奏者にいたるまで、左利きの人は「サウスポー」と呼ばれます。その語源は、野球にあることをご存じでしょうか？

野球場はホームから2塁を結ぶ直線が東北東を向くように設計されています。

なぜかというとそれは、日差しの問題。午後の強い日差しが観戦の妨げにならないようにするための配慮なのです。

そして、スタジアムが東北東を向いているということは、投手が左手で振りかぶった際、足が南の方角を向くことになります。サウスポーは英語で「South Paw」と書きますが、日本語に直訳すると「南の前足」。つまり、サウスポーという言葉は、野球場の向きに由来しているのです。

なお、アメリカの南部出身の選手に左利きが多かったからという説もありますが、前述した理由の方が有力視されているようです。

カリフォルニアにあるエンゼル・スタジアム・オブ・アナハイム

No.185

# ブラジルのサッカー選手の登録名はニックネーム

世界屈指のサッカー強豪国として名高いブラジル代表。黄色いユニフォームから「カナリア軍団」という愛称が付いていますが、代表選手のほとんどが、ニックネームで選手名を登録していることはご存じでしょうか？

例えば「ジーコ」。ブラジル出身のサッカー選手として、かつて鹿島アントラーズに在籍しており、２００６年には日本代表監督としてワールドカップへの出場を果たしましたが、彼の本名はジーコではなく「アルトゥール・アントゥネス・コインブラ」です。ニックネームの「ジーコ」というのは「痩せっぽち」という意味で、その見た目から付いたニックネームなのです。

このように、ブラジルの選手の大半はニックネームで選手名を登録しています。理由は「本名が長いから」「同じ名前が多いから」ともいわれています。

なお、ブラジルにはニックネームを公的な場で使用する習慣があり、サッカー選手だけでなく、大統領までもが公的な場でもニックネームを使用しているのです。

No.186

# サッカー史に残る最大得点差は１４９点差

１４９対０……。これはサッカーで最も得点差が出たスコアです。しかし、サッカーの試合は前後半合わせて90分。実に36秒に一回ゴールを決めたことになります。ギネスブックにも登録されているこの試合、いったいどのような内容だったのでしょうか？

記録は、２００２年10月31日にマダガスカルのサッカーリーグの決勝ラウンドで出ました。このシーズンでは、ＡＳアデマ、ＳＯレミルヌ、ＵＳアンボヒドラトリモ、ＤＳＡアンタナナリボが決勝ラウンドに進みました。

このうち、ＳＯレミルヌは二連覇がかかっていましたが、優勝を逃してしまいます。すると、ＳＯレミルヌは主審のＰＫ判定に異議を唱え、消化試合となる第３節で、抗議の意を込めて試合開始直後から自軍のゴールへオウンゴールを量産したのです。これが１４９点もの差がついた理由です。

結果、ＳＯレミルヌ監督は三年間の停職処分とスタジアム観戦の禁止処分を、四人の選手はシーズン終了までの出場停止処分とスタジアム観戦の禁止処分が下されたのでした。

No.187

# バスケットボールは一人の男の試行錯誤の末に生まれた

スポーツとは、自然的に生み出されるものが多く、さまざまな国が発祥である場合が多いようです。

例えばゴルフの場合、モグラの穴を利用した球遊びから発展を遂げたと言われていますが、発祥地はスコットランド、オランダ、中国などさまざまな説があります。

しかし、そうしたスポーツと一線を画すのがバスケットボールです。

バスケットボールは、カナダ出身のアメリカ人「ジェームズ・ネイスミス」によって考案されました。たった一人の人物によって作られることとは、スポーツの発祥としては非常に稀なケースです。

ジェームズは、大学を卒業後に神学校へ進み、そこで体育講師を務めていました。また、同時にスプリングフィールド大学へ学生、兼非常勤体育講師として通っていました。

この大学の授業の課題としてジェームズは「屋内競技の考案」を与えられます。その結果生み出されたスポーツが、現在のバスケットボールの原形となるものでした。

　当時はボールも作られていなかったため、ゲームにはサッカーボールが使われていました。そしてゴールに使われていたのは、桃を収穫する際に使われていた籠《かご》で、ゴールが決まるたびに籠からボールを取り出す必要がありました。籠を使うことから、そのままの意味で「バスケット（籠）ボール（球）」と名付けられたのです。

　また、ゴール裏の四角いバックボードも設置されてはおらず、体育館の二階の手すりなどに直接くくりつけられていました。バスケットボールが浸透するにつれ、観客が体育館上の手すりから足や手を伸ばして妨害することが多発するようになったため、それをガードする目的でバックボードが付けられるようになったのです。

　このように、バスケットボールは試行錯誤が重ねられて現在のルール、形へと発展を遂げたのです。

バスケットボールを考案したジェームズ・ネイスミス

No.188

# バレーボールは足も頭も使っていい

「レシーブ、トス、アタック！」の三拍子で行われるバレーボールは、そのすべての動作を手で行わなければいけないと思い込んでいる方もいるはずです。

しかし実は、バレーボールは全身どこでも使っていいスポーツなのです。

スポーツのルールは事ある毎に変遷を繰り返しています。バレーボールも例外ではなく、今まで幾度もルールが改正されてきました。

そんな中、1995年に「膝から下での打球も、反則ではなくなる」というルールの改正が行われました。つまり足を使ってもいいことになったのです。ルール改正前から頭によるヘディングも認められているのです。

実際にプロの試合でも、レシーブに失敗してコート外にボールが大きく逸《そ》れてしまった場合、ダッシュで追いつき、そのままスライディングするように足を伸ばして返球するといった場面を稀に見ることがあります。

No.189

# 卓球も軟式と硬式に分かれていた

軟式と硬式といえば、野球やテニスを思い浮かべる方が多いでしょう。しかし２００１年まで、卓球にも軟式ルールがあったのです。

卓球といえば中国のイメージが強いですが、その起源はインドの「ゴッシマテニス」という遊びで、それが１８８０年代にイギリスに伝わり、卓球というスポーツに発展したとされます。

日本に卓球が伝来したのは、１９０２年のこと。その後、日本独自のルールである「軟式卓球」が流行しました。軟式卓球は硬式卓球に比べて次のような違いがあります。

ボールの直径は硬式よりも約２～３ミリ小さく、重さは硬式よりも約０・６グラム軽量。ネットの高さは硬式よりも約２センチ高い、といったものです。

ネットが高く鋭いスマッシュが決めづらく、ラリーが続くため、試合時間が長引いてしまうことが多かったようです。

このような事情から、軟式卓球は２００１年の旭川大会を最後に、そのルールは消滅してしまいました。

No.190

# 卓球のラケットはどんな大きさでも問題ない

普通、スポーツで使用される用具には、事細かな規定が設けられています。卓球も例外ではありません。

使用されるピンポン球はより円形に近いものから4等級でランク付けされ、その直径は4センチ、重さは2・7グラムと定められています。その他、卓球台やサーブの際のトスの高さに至るまで、卓球はルールに厳しいスポーツなのですが、なぜかラケットに関しては全くと言っていいほど規定がありません。

卓球で使用されるラケットは、握手をするように握るシェークハンドラケットと、ペンを持つように握るペンホルダーラケットの2種類に分類されます。

そのラケットに関する規定は「持ち手を除いたラケット面の85%以上が、天然の木材を使用していること」とあるだけ。つまり超極小のラケットや、壁のように大きなラケットを試合で用いることが可能なのです。

ただし言わずもがな、それらの特殊ラケットを使用したところで、最適なパフォーマンスが発揮できるわけではありません。

No.191

# バドミントンの試合前必ず気温と湿度が計測される

バドミントンの打球の最速初速は時速493キロ。世界最速の球技としてギネスブックに認定されています。

そのスマッシュの速さを最大限に引き出すためにも、シャトルの選び方には慎重を期します。そこで試合前には必ず気温と湿度が計測されているのです。

競技用として主に使用されるシャトルは、食用のガチョウの羽とコルクで作られています。スポーツ用品店でシャトル売り場を覗いてみると、長い筒にシャトルが重なって収納されており、何やら番号の書かれたシールが。この番号は「スピード番号」と呼ばれ、季節や気温によって使い分けられています。

というのも、シャトルはかなり繊細で、気温が高く湿度が低いときはよく飛び、逆に気温が低く湿度が高いときは飛びにくくなります。気温や湿度の変化による空気抵抗の差により、飛距離が変化しやすいのです。

そのため、同じ飛び方のシャトルでプレーできるよう、室内の気温と湿度が計測され、それに合ったシャトルが使われているのです。

No.192

# サンドバッグに砂は入っていない

ボクシングの練習風景で、黙々とサンドバッグを叩く姿が見られます。

サンドバッグ、日本語では「砂袋」という意味になりますが、実はサンドバッグには砂は入っていません。ではなぜこのような名前になったのか。そして中には何が入っているのでしょうか？

ボクシングが日本に伝わったのは1920年代のことです。その際に打撃練習用の袋も一緒に入ってきたのですが、練習生が中に何を詰めていいのかわからずに、とりあえず砂を詰めてみました。これがサンドバッグの始まりと言われています。

しかし砂は袋の中で固まってしまい、練習生の拳を痛めてしまうという理由から、すぐに撤廃されることになりました。現在ではサンドバッグという名前だけが残り、中身はウレタンや布切れが詰め込まれています。

間違った使い方をしてしまったがために、この器具をサンドバッグと呼ぶのはもちろん日本だけで、海外ではパンチングバッグと呼ばれています。

No.193

# ガッツポーズを考案したのはガッツ石松ではない

両手を高く上げ、グッと握りこぶしを作る。このガッツポーズの生みの親は、元ボクシング世界チャンピオンのガッツ石松であると言われますが、実はそうではない可能性が高いのです。

一般的には、1974年4月11日、ガッツ石松がWBC世界ライト級王座を奪取した際にとったポーズが、当時のスポーツ新聞で「ガッツポーズ」と命名されたのが、その起源だと言われています。

しかしこれに異議を唱えるのが、ボクシングではなくボウリング界です。

ガッツ石松が世界チャンピオンの座につく1年半前。1972年11月30日に発行されたボウリング雑誌「週刊ガッツボウル」にて、ストライクを取ったときのポーズを「ガッツポーズ」と命名していたのです。

しかし、テレビなどのメディアを通じてガッツポーズを世間に浸透させたのは、間違いなくガッツ石松の方です。そのため、ガッツポーズの生みの親はガッツ石松であるとされてきたのです。

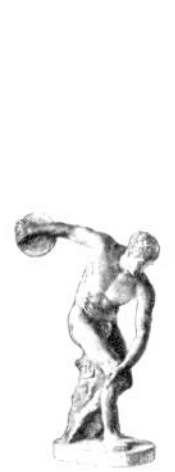

No.194

# ボウリングのボールの穴は三つとは限らない

詳しく説明せずとも、ボウリングがどのようなスポーツかは皆さんご存じのことと思います。

ボウリングで高スコアを出すためには、自分に合ったボールを選択することが、何よりも重要です。さらに細かいことをいえば、ボールに開いている穴が自分の指に合っているかどうかで勝敗が大きく左右されます。

ボウリングのボールの穴は中指、薬指、親指を入れるための三つの穴が開いているのが一般的ですが、実は必ずしも穴が三つである必要はないのです。

ルール上、ボールには最大で五つの穴を開けることが許されており、さらに空気穴として最大で五つ、バランスホールと呼ばれるエクストラホールを最大一つ空けることが許可されています。さらに昔は穴が二つの時代もありました。

なお、このように自分の指やフォームに適した、専用のボールをマイボールと呼び、ボウリング場にある貸しボールはハウスボールと呼びます。

No.195

# レスリングで持っていないと失格になるものとは？

　レスリングとは、オリンピックの公式種目でもあるアマチュアレスリングのことです。古くは紀元前3000年頃には競技として確立されていたというほど、歴史の古いスポーツです。レスリングの選手はピチピチのユニフォーム一枚で戦っているイメージがありますが、実はその中にある物を忍ばせています。これがないと失格になるからです。

　古代オリンピックでは裸体であることが義務付けられていましたが、現在ではシングレット（吊りパン）と呼ばれるワンピース型のユニフォームと、レスリングシューズを着用して試合を行います。マウスピースは任意で、ジュニア世代の試合ではヘッドギアや膝当てを装着しても問題ありません。

　そしてもう一つ、ユニフォームの中に「白いハンカチ」を入れておくことが義務付けられています。これは万が一試合中に出血した場合にすぐに止血できるようにするためです。もしこのハンカチを忘れてしまうと、即失格となってしまうほど、厳しいルールなのです。

No.196

# 力士は引退するまでまわしを洗わない

相撲におけるユニフォームとも言える「まわし」。力士が唯一身にまとうことを許された品で、さぞかし大切にされているのかと思いきや、なんと引退するまで一度も洗濯をしないというのです。

試合だけでなく、稽古でも砂や汗によって汚れてしまうまわしですが、本当に一度も洗濯はされません。かといって何もせずにいるのかというと当然そういうわけではなく、砂を払って天日干しし、場合によってはアルコール消毒もするようです。

本場所で使用されるまわしは博多織や西陣織のような高級な織物ばかりで、その値段は70～100万円とも言われます。洗濯を繰り返してしまうと生地が弱くなってしまうので、擦り切れるまではずっと同じものを使うのです。

また、洗わないことにはゲン担ぎの意味合いも込められているようです。

No.197

# 相撲にも引き分けがある？

一瞬の勝負が勝敗を分ける相撲の取り組み。制限時間もないことから、基本的には勝負が決するまでは取り組みが継続されるのですが、例外もあるのです。

大柄の力士は、ただ太っているのではありません。体中が筋肉で覆われており、まるで戦車のような体をしています。

そんな力士同士がぶつかりあえば、取り組みの多くは一瞬で勝敗が決しますが、中には長時間こう着状態が続くことがあります。

一般的には、4分を超えたあたりから力士は本来の力が出せなくなると言われており、この状態になると、取り組みが一時中断となる「水入り」の判定が下されます。水入りは、いわゆる小休止のこと。一定時間経過後に水入りした状態と同じ体勢に戻し、取り組みを再開させるのです。

それでも決着が付かない場合は再度水入りとなり、次に再開されるのは他の取り組みを二番挟んだ後です。それでも決着が付かず、三度目の水入りが入った時点で、勝負は引き分けとなるのです。

No.198

# 相撲の試合後の「ごっつあんです」は何をしている？

相撲の取り組みに決着が付くと、勝った力士は審判である行司の前にしゃがみこみ、チョンチョンと手で空を切ったあと、懸賞金として金一封を受け取ります。

この際に行われる空を切るジェスチャーは、何を意味しているのでしょうか？

手で空を切る行為は「手刀《しゅとう》」と呼ばれ、日本における儀礼の一つです。

例えば、人様の前を横切る際に「ちょっとごめんなさいね」などと言いながら、片手を振って空を切ることがあります。この所作も、実は手刀による儀礼に由来していると考えられているのです。

では、相撲においてこの儀礼は何を表しているのでしょう？　相撲の場合、手刀を行うのは懸賞金を受け取るとき。この際、神様への感謝を示すために、手刀が切られているのです。

通常は、「造化三神」と呼ばれる三柱の神へ感謝を捧げますが、中には漢字の「心」を書く力士もいます。心技体が一つになったスポーツならではの作法と言えるでしょう。

No.199

# 少林寺拳法は日本が本場だった

険しく切り立った崖上にある修行寺で、一心不乱に厳しい修行を行なっていそうな印象がある「少林寺拳法」。ですが実際の少林寺拳法では、そのような修行は行わないのです。

少林寺拳法は、中国の拳法ではありません。日本人男性である宗道臣《そうどうしん》によって創始されました。

昭和初期、中国大陸へと渡った道臣は、中国人の老師から拳法の技術を少しずつ学びました。しかし1945年、満州でソ連軍の攻撃に巻き込まれ、約一年間をソ連軍の管理下で過ごすことになります。その生活の中で、「もし生きて日本に帰ることができれば、強くて、優しくて、正しい若者を多く育てたい」と思うようになったといいます。

そして日本に帰国した道臣は、四国の香川県仲多度郡《なかたどぐん》多度津町《たどつちょう》にて、少林寺拳法の教えをスタートさせました。つまり少林寺拳法発祥の地は中国ではなく、日本だったのです。

それでは山奥などで修行に明け暮れるあの武術はなんなのかというと、「少林拳」と呼ばれる中国発祥の武術なのです。

No.200

# 玉入れには厳密な正式ルールがある

運動会の花形種目の一つとして人気の「玉入れ」。子どもから大人まで楽しめる競技であるがゆえ、そのルールは地方によってマチマチでしょう。しかしこの玉入れには、意外にも厳格な正式なルールが存在するのです。

その発祥は、1990年、北海道の和寒《わっさむ》町《ちょう》において。ここで開かれたイベントにて玉入れのルールが考案されました。和寒の過去最低気温のマイナス41・2度、北緯44度であることにかけて、一般用ルールではカゴの高さは地面から4メートル12センチで、カゴの直径は44センチと決まりました。

競技者は1チーム4〜6名で、スタートの合図と同時に重さ80グラムの玉99個をカゴに入れ、最後に重さ250グラムのアンカーボールをカゴに入れるというタイムトライアル形式で競われます。

運動会でも、チーム対抗でどちらがより多くの玉を入れるかを競うので、同じようなものかもしれませんが、正式ルールにはスタート時のポジションや玉の入れ方など、より細かな規則が決められているのです。

No.201

# 競走馬の命名には厳しいルールがある

ナリタブライアンやディープインパクトなどの名馬から、ノラネコやダイジョブダアといった珍名馬まで。競走馬にはさまざまな名前がありますが、自由度が高そうに見えて、その命名には厳密なルールがあるのです。

ここでは日本における競走馬の命名ルールについてご紹介していきます。まず絶対条件として、アルファベットで18文字以内、カタカナで2文字以上9文字以内の2種類の馬名を登録する必要があります。

しかし、使用できる文字はカタカナのみ、現代仮名遣いでヰ、ヱなどの文字は使用不可。著名な馬の名前や国際保護馬名、父・母と同じ名前もだめで、ブランドや商品名など、宣伝となる名前、性別にそぐわない名前、公序良俗に反する名前も使用禁止。登録馬と似ている名前や、競馬用語となる言葉を使った名前も却下されたりと、ルールは厳格です。

こんなことではいつしか名前の候補が全くなくなってしまいそうですが、功績を残せなかった馬の名前は死後10～15年で登録が抹消されるため、再使用が可能になるようです。

No.202

# ジャージの裾に付いているチャックの役目

スポーツやトレーニングなどをする際に着ることの多いジャージ。中には、ズボンの裾の部分にチャック（ジッパー）が付いていることがあります。このチャックはいったいどういった場合に役に立つのでしょうか？

ジャージを着るのは運動をするとき。運動中に怪我をした際に、ズボンをめくって手当がしやすいようにと答える方も多いでしょう。確かにそれも一理あります。

スポーツ選手がジャージを着用するシーンを想像してみてください。ベンチで待機している選手が出番を迎えたときや、競技を終えてユニフォームの上からジャージを着用するような場合、裾にチャックが付いていると、靴を履いていても脱ぎ履きしやすいことがわかります。

例えば陸上選手の場合、選手はジャージを着たままウォーミングアップをし、本番直前にジャージを脱ぎます。この際にウォーミングアップで整えた足と靴のバランスを、一度靴を脱ぐ事で損なわないために、靴を履いたままジャージを脱ぐ必要があるのです。

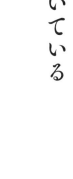

No.203

# 月面で実際に行われたスポーツとは？

1971年1月31日、8度目の有人宇宙飛行であり、史上3度目となる月面着陸を行ったアポロ14号。

乗員3名を乗せ、「H計画」と呼ばれる計画のもと、月面に降りる船外活動が行われました。

H計画に基づき、宇宙飛行士たちは月面に二日間滞在しました。月面滞在時間は約33時間で、そのうち月面の石の採取や、地震の観測などの科学実験など、計約9・5時間もの船外活動が行われました。

この船外活動中、あるスポーツが行われました。それがゴルフです。

船長のアラン・シェパードが持ち込んだ6番アイアンによって、月面で2球のゴルフボールが打たれました。これが世界初となる宇宙空間でのスポーツとなったのです。

なお、打ったゴルフボールを回収する時間的余裕がなく、いまだに月面には2個のゴルフボールが残されているままだといいます。

No.204

# ジャイアント馬場は元プロ野球選手

　プロレスの黄金期を支えたジャイアント馬場。しかし彼のスポーツ人生の始まりは格闘技ではなく、野球だったのです。

　小学校高学年の頃、１７５センチという高身長から繰り出されるピッチングを武器に、馬場はエースとして活躍しました。高校時代には身長が１９０センチにもなり、特注のスパイクを履いて存在感を示します。

　そんな活躍が読売ジャイアンツのスカウトの目に留まり、高校2年の若さで高校を中退してプロの世界へと飛び込みます。２軍からのスタートだったものの、２年連続で最優秀投手賞を受賞する活躍をみせ、１９５７年に晴れて1軍投手としてデビューしたのです。

　しかし成績は振るわず、２軍と1軍を行ったり来たり。１９６０年には大洋ホエールズへの移籍を考え、テスト生として合宿に参加。しかし宿舎の風呂場で転倒してガラス戸に突っ込み、左肘に17針を縫う怪我を負います。

　左手の指が曲げられなくなり野球は断念しましたが、同年、日本プロレスの選手としてプロレス界の初舞台を踏むことになるのです。

# 6章　生き物の博学知識

No.205

# 哺乳類でジャンプできないのはゾウだけ

人間をはじめ、約4300～4600種類もの数がいるといわれる哺乳類。そんな数多くの種の中で、唯一ゾウだけがジャンプができないと言われています。

まずはジャンプの定義を決めましょう。犬や猫のような動物は、飛び跳ねて獲物を捕まえたり、人間にじゃれてきたりするイメージがありますが、今回は、足または前足を含む四肢が地から離れた瞬間をジャンプと定義します。飛び跳ねるようなジャンプはしなくとも、走る瞬間に四肢が宙に浮けば、ジャンプをしているとみなします。

ゾウが走る際のスピードは、時速40キロほど。人間が普通に走るよりは速いスピードですが、実はこの全力疾走中のゾウの足は、必ずどれかの足が地面に着いている状態。いわば競歩のような走り方をしているわけです。これでは、ゾウはジャンプしているとは言えません。

なお、ナマケモノもジャンプしないと言われますが、彼らは陸地へ降りる瞬間は宙に浮いていると言えます。

No.206

# ゾウの歯は4本しかない

人間の歯は、親知らずを含めて32本あります。しかしゾウは人間の何倍もの体重があるにもかかわらず、上下左右に1本ずつ、合わせてたったの4本しか歯がないのです。

とはいえ、たったの4本しかないといっても、さすがはゾウ、その大きさは大人の靴底ほどの大きさがあります。

人間の歯は乳歯から永久歯に生え変わりますが、ゾウの場合は60年ほどの生涯のうちで6回も生え変わります。しかも人間のように、抜け落ちてはその下から生えてくるわけではなく、まずは生えている歯の奥に歯が生えてきます。そうした後に手前の歯が抜け落ちることで、生え変わりが完了するのです。

つまり、まるでベルトコンベアのように、水平に歯が入れ替わるのです。

人間からすると不思議ですが、ゾウには歯のない期間が存在しないということです。

No.207

# ネコは虫歯にならない

食事を欲する限り、虫歯などの口内環境に関する問題は、生物にとって切っても切り離せません。それは私たち人間だけでなく、ペットとなるイヌやネコも同様です。

しかしこれまで、ネコが虫歯になったという報告は一件も挙がっていないのです。なぜネコは虫歯にならないのでしょうか？

歯の噛み合わせのことを「咬合《こうごう》」と呼びます。人間やイヌは雑食であることから、食べ物をすり潰して食べる方法をとっているため、特に奥歯がすり鉢状の形をしています。これを「すり鉢状咬合」といいます。

一方のネコは、元来肉食系の生き物ですので、肉を切り刻んで食べられるように、すべての歯が尖っています。その噛み合わせがハサミの刃のようなことから、これを「ハサミ状咬合」といいます。

「すり鉢状咬合」ではどうしても歯のくぼみなどに食べ残しが溜まりやすいのですが、「ハサミ状咬合」ではその問題は起こりづらいのです。これがネコが虫歯にならない要因の一つです。

次に挙げるのが口内環境です。虫歯菌は酸性の環境でないと繁殖しにくいとされます。人間やイヌの口内環境はpH6・5〜7・0で弱酸性ですが、ネコの口内はpH8・0〜9・0でアルカリ性に保たれています。これでは虫歯菌は繁殖できません。

しかし、虫歯ができないといっても、ネコにも口内ケアは必要です。

虫歯でなくとも、猫の歯が黒っぽくなることがあります。その場合、もしかすると原因は、歯石かもしれません。

歯が欠けたり歯石がたまったりすることでも、黒くなってしまうことがあります。ネコの場合、人間よりも歯石ができるまでに要する期間が短く、それが原因で簡単に歯周病になってしまうのです。なんと3歳以上のネコの8割が歯周病といわれています。

猫を飼っている方は、定期的な検診を受けさせましょう。

No.208

# 大人のオスライオンは子ライオンを皆殺しにする？

大人のライオンが、産まれたばかりの子ライオンを崖の上から落とし、這い上がってきた子だけを育てるという話を耳にしたことがある方もいるでしょう。しかし実際には、オスライオンは子ライオンを選別するどころか、容赦なく皆殺しにすることがあるのです。

ライオンは、オス、メス、子が群れをなして生息しており、非常に縄張り意識の強い動物です。イヌやネコと同じように、周囲に尿をして臭いを付けたりすることで縄張りを主張します。この縄張りの中で、群れはいくつかのグループに分かれて生活をします。

成長した子ライオンがオスだった場合、このライオンは生後3年ほどで群れから追い出されてしまいます。仕方なく、追い出された子ライオンは別の群れを乗っ取り、合流するのですが、この際、群れにいる子ライオンを皆殺しにするのです。

子ライオンを殺し、力を誇示することで群れにいるメスライオンを惹き付けると同時に、競争相手を少なくすることで、自分の子孫をより多く残すためと考えられています。

No.209

# ライオンの狩りはメスが行う理由

ライオンは1～3頭ほどのオスに対して、15頭ほどのメスと子ライオンで群れをなして生活しています。狩りは基本的にメスが行うのですが、なぜオスは参加しないのでしょうか？

ライオンの狩りは、複数のメスが協力して行います。主に夜間に行われますが、身を隠せるような丈の高い草などがあれば昼間でも狩りを行います。獲物を見つけたメスライオンは扇状に散開し、少しずつ獲物との距離を詰め、一瞬の隙を突いて喉元めがけて持ち前の鋭いキバを突き立て、窒息死させるのです。

このように、ライオンの狩りは獲物の隙を窺いながら行われるのですが、たてがみが生えたオスの場合、身を潜めようにも目立ってしまい、狩りに向かないのです。

なお、捕らえた獲物はその大半をオスが独占します。獲物の量が少ない場合は子ライオンにエサがまわらないことも。そのため、子ライオンの死亡率は生後1年以内で60％以上、生後2年以内で80％以上と、とても高いのです。

No.210

# 百獣の王を殺すのはなんと植物!?

生物界の頂点に立つ百獣の王といえば、サバンナで勇猛に生きるライオンです。しかし、そんな王を殺してしまうほどの怖い植物が存在するのです。その名も「ライオンゴロシ」というズバリなネーミング。英名で「devil's claw（悪魔のかぎづめ）」と呼ばれるように、その生態は凶悪です。

主に南アフリカに生息するライオンゴロシは、固くて鋭いトゲが生えており、その果実も逆さまに曲がった、まさにかぎづめのようなトゲが生えています。

ライオンがライオンゴロシの上を歩いてしまうと、そのトゲが足に刺さり、さらにそれを抜こうと口を近づけると次は口にトゲが刺さってしまいます。かぎづめ状のトゲは簡単には抜けず、次第に傷口が炎症を起こしてしまい エサも食べられない程に化膿してしまいます。こうなってしまったライオンは餓死を待つしかありません。

ライオンゴロシ（Ⓒ Furukama）

No.211

# サボテンのトゲは何のためにある？

多くは砂漠という厳しい環境下に生きるサボテン。表面にビッシリとトゲが生えているのが特徴ですが、砂漠においてこのトゲはどのような意味があるのでしょうか？

サボテンには、植物には当たり前のようにある枝や葉、茎などが見当たりませんが、実は緑色をした部分が茎で、サボテンのトゲは葉であることが知られています。

実はこのトゲは、外敵から身を守るだけでなく、砂漠の悪環境に対してもとても合理的にできています。砂漠は昼間は灼熱のように熱く、夜はとてつもなく寒い地域。砂嵐や照り付ける太陽も大敵です。このような悪環境に対して、トゲがビッシリと生えているおかげで本体の温度を一定に保てているのです。

また、肉厚な皮のおかげで水分は蒸発しにくい上に、中に水分をはじめとする栄養素を沢山蓄えておけるのです。

しかも、空気中の水分をトゲに吸着させることができるおかげで、雨が降らなくてもサボテンは水分を得ることができるのです。

No.212

# サイのツノは骨ではない

サイの特徴といえば、鎧の様な皮膚に、立派なツノを想像する方も多いでしょう。

ツノが生えている動物は数知れずいますが、それらは骨が変形してツノになっています。しかしサイの場合、そのツノは、実は骨ではないのです。

サイのツノはカルシウムではなく、ケラチンの繊維質の集合体です。

ケラチンとはタンパク質の一種で、髪や爪や皮膚の角質層を形成する成分のこと。18種類のアミノ酸が結合してできたタンパク質の総称です。つまりサイのツノは、人間でいえば髪の毛の塊であるのです。

実際、サイのツノは人間の髪の毛同様に永久に伸び続けます。そのためサイは、硬いものにツノを擦り付けて、余分な部分を削ぎ落としています。また、何かしらの原因によって折れたとしても、また何事もなかったかのように生えてくるのです。

No.213

# 「シロサイ」と「クロサイ」の違いは色ではない

現在、世界には5種類のサイが生息しています。このうち、色の名前が入ったシロサイとクロサイというサイがいますが、皮膚やツノなどの色と名前は関係がありません。

シロサイは、肌は白というよりグレーに近い色をしています。地面に生えている草を食べることに適しており、口が幅広くなっているのが特徴的です。

一方のクロサイはグレーからやや黒みがかった色をしています。樹木に生えている葉っぱなどを主食とするため、口先が尖っており、器用に動かせるのが特徴的です。

このように、肌の色合いは微々たる差で、本当に注目すべきなのは口の形なのです。

実はシロサイは、口が幅広いことから「幅広い」を意味する「ワイド」と呼ばれていました。これを日本人が初めてシロサイを見た際、現地の人間に何という生き物かを尋ねたところ、「ワイド」を「ホワイト」と聞き間違えてしまったのです。

そしてホワイトと差別化するために、クロサイという名が付けられたのです。

No.214

# キリンの舌は驚くほど長い

キリンは、最も首の長い動物です。その特徴的な見た目から、動物園でも人気の的によくなります。

しかし実は、長いのは首だけではなく、口の中にある舌も、驚くほど長いのです。

キリンは植物食の動物で、木の葉・若芽・小枝・果実などを主食としています。

この際、役に立つのが長い舌です。トゲなどがある植物や木の枝の場合は、長い舌と柔軟性のある唇でトゲをよけて食事を取ることができるのです。

この自慢の舌の長さは、なんと約45センチ。人間の顔幅を簡単に超える長さです。

この長い舌は食事はもちろんのこと、なんと自分の耳掃除までもしてしまうというから驚きです。

No.215

# キリンの交尾は90％がオス同士

　昨今、同性愛に対する考え方が一般的に認知され、理解されるようになってきました。人間は動物の一種ですが、人間以外の動物にも同性愛は当然のように存在します。

　中でもキリンにいたっては、交尾するカップルの90％がオス同士であるというから驚きです。ただしそれは、はじめから意図したものではなかったようですが。

　キリンはメスをめぐってオス同士が激しいケンカをします。しかし決着が付かずにいると、興奮が収まらないのか、次第に相手の首を舐めたり、キスをしたりと性的行為に変わっていき、最後は交尾態勢にまでエスカレートするのです。

　ケンカによって興奮した状態を、性的な興奮と錯覚してしまうことから、最終的に交尾へと変わってしまうのではないか、というのが専門家の意見です。

　また、キリンの交尾は動物界でも1、2を争う速さで行われ、その間わずか数秒程度であることが知られています。

No.216

# 牛の胃袋には磁石が入っている

牧場で飼育されている牛の胃袋には、実は磁石が入っています。これは牛の健康を考えた人間によってあえて入れられているのです。

牛は、牧草だけを食べているイメージがあります。それは間違いではありませんが、何かを口にした時に「おかしな物を口にしたぞ」と思っても吐き出すことはなく、飲み込んでしまうのです。鉄を舐める習性があるため、釘などの異物を飲み込んでは大変です。

しかも、牛の胃袋は四つあるのですが、二番目の胃袋では、常に胃に入った食べ物をかき混ぜる動作を繰り返しています。

もし第二胃袋に釘などの鋭利な物が混入してしまうと、胃袋や腸壁に刺さって、最悪の場合には死に至ってしまいます。

これを解決するため、第一胃袋に磁石を飲み込ませておくのです。そして、胃の中に飲み込ませた磁石よりも強力な磁石を使って、定期的に体外に排出させています。

No.217

# クリスマスのトナカイはすべてメス

真っ赤なお鼻のトナカイさんには「ルドルフ」という名前がついています。名前からしてオスのようですが、実は冬にはオスのトナカイがサンタクロースのソリを引くことはあり得ないのです。

トナカイはシカの仲間ですが、シカの仲間の中で唯一オスメス両方にツノが生えている動物です。サンタクロースのソリを引いているトナカイには立派なツノが生えています。ではなぜメスだと断言できるのでしょうか。

それはトナカイの生態に答えがあります。オスは春にツノが生え、秋から冬にかけて抜け落ちますが、メスは冬にツノが生え、春から夏にかけて抜け落ちるのです。つまり、冬までにツノが抜けてしまっているオスは、サンタクロースのソリを引っ張る立派なツノを持ったトナカイであるはずがないのです。

ちなみに、トナカイは時速80キロという猛スピードで走ることができます。サンタクロースのプレゼントの宅配も、この速さなら間に合いそうです。

No.218

# シロクマの毛は白くない

シロクマはホッキョクグマの別称で、その名の通り北極圏に多く生息するクマ科の動物です。その体毛が全身真っ白なため、シロクマと呼ばれるようになったのですが、実はシロクマの毛は白いわけではありません。

シロクマ（ホッキョクグマ）の毛の内部は、沢山の泡状の穴が開《あ》いており、毛の芯は空洞になった特殊な構造をしています。光がシロクマの毛に進入した際に、反射光と太陽光が沢山の穴と空洞に当たって乱反射することで、人間の目に届くまでの間に光が白く見える、つまりは毛が白く見えるのです。

ではシロクマの正確な毛の色はというと、実は無色透明なのです。

シロクマの透明の体毛は、この特殊構造のおかげで光の通過を妨げず、奥にある皮膚まで光の熱を保ったまま到着します。極寒の地域でも本人は意外と温かく過ごしているのかもしれません。

ちなみにシロクマの地肌は黒く、地肌の色も光の反射に一役かっているのです。

No.219

# パンダの指は7本ある

動物園の人気者のパンダ。大きな手で器用に笹の葉を掴んで食べる姿はなんとも愛くるしいものです。そんなパンダの指は、じつは7本もあるって知っていましたか？

人間の指は、人差し指から小指までの4本と、親指が離れた形をしています。

対してパンダを含むクマの仲間の場合、均等に5本の指が並んでいます。そしてこの5本の指とは全く異なる位置と形で、パンダには2本の指があるのです。

この2本の指の正式名称は「副手根骨《ふくしゅこんこつ》」といい、字のごとく手の付け根にある骨を意味します。2本のうちの一つは、人間でいう親指の付け根あたりに、もう1本は小指側の手首付近にあります。

形は指というよりはコブのようで、指のように自由に動かすことはできません。しかしこのコブがあるおかげで、笹などの細いものも容易に持つことができるのです。

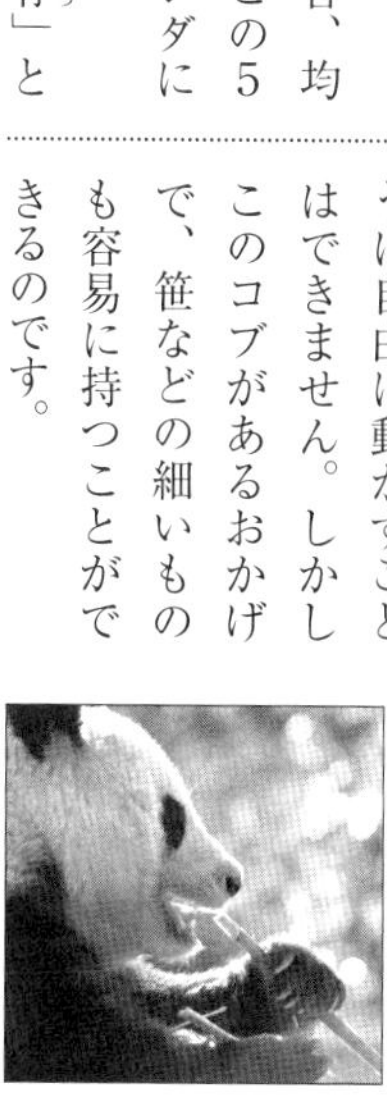

No.220

# アルマジロは生涯の80%を寝て過ごす

肉食動物の睡眠時間は、草食動物に比べると倍、もしくはそれ以上の長さの場合が多いです。草食動物は肉食動物に狙われる危険性が高いため、やたらに寝ていられないからですが、意外にもアルマジロは睡眠時間がとても長い動物として君臨しています。

人間の平均睡眠時間は、成人した大人の場合で8時間です。犬や猫は10〜12時間で、ライオンとなると13時間とさらに多くなります。ライオンなどの肉食動物の場合は、狩りをするのに必要なエネルギーを蓄えるために体力の温存が必要だからと言われます。

生物界で最も長い睡眠時間を有しているのはコウモリで、一日20時間も睡眠に費やしています。暗い場所で身を寄せ合いながら寝ている姿が容易に想像が付きますが、意外にも、コウモリに次いで睡眠時間が長い動物はアルマジロなのです。

アルマジロは昆虫類やヘビなどを餌とする肉食動物で、その睡眠時間は一日18時間。人生の約80%を睡眠で過ごすという意外性を持っているのです。

No.221

# ミーアキャットは毒サソリも平気で食べる

南アフリカなどのサバンナに生息し、二足で直立する姿が何とも愛くるしいミーアキャット。「キャット」と名が付いているにもかかわらず、じつはマングース科に属するマングースの仲間だったりします。

そんなミーアキャット、食性が雑食なので何でも食べてしまうのですが、なんと毒サソリも平気で食べてしまうのです。

ミーアキャットが食べるのは、昆虫、爬虫類、鳥類、小型の哺乳類などの動物から、植物の茎や根、果実など。毒サソリまでも食べられるのは、ミーアキャットがサソリの毒に対する免疫を持っているため。この免疫のおかげで、毒におかされることがないのです。

かわいらしい見た目とは裏腹に、「サバンナのギャング」の異名を持つほどその気性は荒く、ヘビやクモなどの危険な動物を獲物にすることもあります。

ちなみに「ミーアキャット」はアフリカーンス語で「シロアリのマングース」という意味で、シロアリを食することもあることから名付けられたようです。

No.222

# ハリネズミの針は体毛でできている

ハリネズミは、今や家庭で飼えるペットとして人気の動物でもあります。

その特徴は何と言っても背中にビッシリと生えた針。これが外敵から身を守ってくれます。一見、人間の爪のようですが、この針は何でできているのでしょうか?

実はその正体は、体毛が変化したもの。骨のようなカルシウムではなく、体毛の一本一本がまとまって硬化したものが、まるで針のようになっているのです。

自分で自分を傷つけないのか気になるところですが、心配無用。

ハリネズミの針は、根元の方が細くなっています。このおかげで、風や落下の衝撃などによって針に圧力が加わった場合でも、根元で折れ曲がることで、針が体に食い込むことを防いでいるのです。

なお、針は筋肉と連動して動きます。普段は筋肉が緩んでいるため倒れた状態になっていますが、外敵の登場など身の危険を察知すると、ハリネズミは筋肉の動きと連動して針を逆立たせることができるのです。

No.223

# ラッコはイタチの仲間

水上にプカプカと浮かび、お腹の上で貝を割る姿がなんとも愛らしい水族館の人気者でもあるラッコ。意外にも、陸上で生活するイタチの仲間に分類されているのですが、それはなぜなのでしょうか？

そもそもイタチとは、イタチ科に属するイタチ属の総称で、日本では一般的にニホンイタチを指します。陸上で生活するイタチの仲間としては、ペットとしても人気のフェレットや、高級毛皮として知名度の高いミンクなどがあります。

一方のラッコは、イタチ科に属するラッコ属の動物です。

生物は陸上での生活を選ぶか、水中での生活を選ぶかで進化を辿ってきました。ラッコも例外なくその一種で、海洋に出て完全に水中での生活を選んだイタチのある種が、ラッコとなったのです。

なお、どの世界にも中途半端なやつはいるもので、水陸両用での生活に順応したイタチ科の生き物もいます。それがよく名前を聞く「カワウソ」です。

No.224

# アライグマはエサを洗っているわけではない

水辺でエサを一生懸命に洗っている姿が愛らしいアライグマ。日本では『あらいぐまラスカル』がアニメ化されたことで、一世を風靡した動物でもあります。

しかしアライグマの特徴とも言えるあの姿、実はエサを洗っているわけではないことを知っていますか？

アライグマは主に雑食性で、両生類、爬虫類、魚類、鳥類、哺乳類、昆虫類、甲殻類、植物、果実など、何でも食べる動物です。哺乳類の死がいをむさぼり食う姿も目撃されています。主に指を使って獲物を取り、両手または片手で食べ物を掴んでそのまま二本脚で歩き回ることもあります。

名前の由来は、獲物の採り方にあります。アライグマは視覚があまりよくないため、前足を水中に突っ込んで獲物を探るのですが、この姿が手を洗っているように見えることから「アライグマ」と名付けられたのです。動物園などではこの習性を再現するために、水辺にエサをまいているのです。

No.225

# カモノハシの不思議な生態

ビーバーにカモのくちばしを付けたような姿をしている哺乳類カモノハシ。日本では目にする機会がないためピンとこないかもしれませんが、実はその生態は、数ある哺乳類の中でもかなり特殊なのです。

カモノハシはオーストラリア東部の限られた地域にしか生息していません。水辺に生息するだけあり、水かきが発達しているのですが、なんとこの水かきから生えている爪からは毒が分泌されているのです。しかもメスの爪には毒は存在せず、オスの爪だけに毒が存在するのです。

この毒で外敵を弱らせるのですが、致死にならないまでも人間もこの毒におかされると、かなりの激痛が走るといわれています。

さらにカモノハシは、哺乳類としては非常に珍しい、卵を産む動物です。一回の出産で1～3個の卵を産み落とし、その大きさは約17ミリと小さいもの。孵化した後はメスの授乳によって成長しますが、カモノハシは哺乳類なのにもかかわらず乳首がなく、腹部の乳腺から母乳が分泌されるのです。

No.226

# ナマケモノの泳ぎは速い

動きがとてもゆっくりとしている様子からつけられた名前が「ナマケモノ」。ある意味かわいそうな動物ですが、泳ぐ姿はとても速いことをご存じでしょうか？

ナマケモノは、大きく2種類に分類されます。指が三つのミツユビナマケモノと、指が二つのフタユビナマケモノです。このうち、フタユビナマケモノは水中にいる間、顔が水面から出ないため泳ぐことはできません。

対してミツユビナマケモノは泳ぎ上手で、歩く速度は時速120メートルと言われていますが、泳ぐとなるとその2～3倍以上のスピードを出すことができるのです。

この違いが生じたのは、ミツユビナマケモノの生息地であるアマゾンの環境が影響しているといいます。熱帯雨林気候のアマゾンには、乾季と雨季があります。生物からすれば、雨季は生息地が洪水の被害に遭うかもしれない危険な時期。泳ぎが得意でなければ生存することができません。この危険な環境を生きるために、ミツユビナマケモノは泳ぎを身につけたのだと考えられています。

No.227

# 哺乳類で最も妊娠期間が長い動物は？

生物が生きる目的は、子孫を残すためであるという考え方があります。

人間の場合、赤ちゃんを授かってから出産するまでの妊娠期間は十月十日《とつきとおか》ですが、それ以上に長い妊娠期間の動物も少なくありません。では、哺乳類で最も長く妊娠している動物とは何か、ご存じでしょうか？

動物の妊娠期間は、体の大きさに比例する傾向にあります。ラットなどの小動物は数日から数カ月の比較的短い妊娠期間で出産まで至りますが、体の大きい動物となると妊娠期間も長くなるようです。

そう、哺乳類で最も妊娠期間が長い動物は、ゾウです。ゾウの妊娠期間は平均して22カ月、およそ2年間もの間、お腹に赤ちゃんがいる状態で過ごすのです。

おっとりしている印象が強いゾウですが、出産までその印象通りなようです。

ちなみに、ゾウは妊娠期間だけでなく、寿命も人間を除けば哺乳類最長です。その期間は、インドゾウで約70年。子どもの頃に時間をかけて育てられただけあって、長命です。

No.228

# フラミンゴの母乳は赤い

通常は母乳を出すのは哺乳類のみですが、フラミンゴは例外的な生き物で、鳥類でありながら、母乳を出します。さらに、その母乳は赤いというから驚きです。

フラミンゴの雛《ひな》は、生後2週間ほどを母乳だけで育ちます。その後は母乳と普通の餌を併せて食べ、成長していくのです。

ただ、その仕組みは哺乳類とは異なります。人間などの哺乳類には乳腺が備わっており、そこから母乳が分泌されますが、鳥類には乳腺はありません。

フラミンゴの母乳は乳腺ではなく、喉にある素嚢《そのう》という袋の内壁から分泌されます。この母乳はフラミンゴミルクと呼ばれ、その色は血のように真っ赤な色をしているのです。フラミンゴミルクは哺乳類の母乳と比べるとサラサラしており、タンパク質と脂肪分が多く含まれています。

なお、鳥類で母乳を出すのはフラミンゴだけでなく、ハトにもこの機能が備わっています。ハトの出す母乳はピジョンミルクと呼ばれ、その色は薄い黄色をしています。

No.229

# ペンギンの足は短くない

ヨチヨチと歩く姿がとても愛くるしいペンギン。南極にしか生息していないと思われがちですが、現存する18種のうち、南極に住んでいるのはコウテイペンギンとアデリーペンギンの2種のみ。南アメリカやオーストラリア、ニュージーランドなど、意外にも世界中でペンギンは生息しています。

ペンギンといえば足が短い、というイメージが強いと思いますが、本当は足の長い鳥だと言われたら、信じることができますか？

実はペンギンの足は、分厚い皮下脂肪の下に屈折して隠れているのです。人間が体育座りをしている状態で、足首から下だけが表に出ているといえばわかりやすいでしょうか。

なぜこのような進化を遂げたのか。それは寒さ対策のためです。体内の足の付根には、ワンダーネットと呼ばれる網の目に張り巡らされた血管があります。これが熱交換の機能を持ち、皮膚の凍傷を防いでいるのです。

足が短いとこの熱交換のシステムが上手く機能しないため、ペンギンは足を体内に収納する道を選んだのです。

No.230

# 閑古鳥ってどんな鳥？

商売などが流行らずに、お客さんがこない状態のことを「閑古鳥《かんこどり》が鳴く」といいます。

でも、閑古鳥とはどんな鳥なのでしょうか？　そもそも実在する鳥なのでしょうか？

結論から言えば、閑古鳥は実在します。しかも、割とメジャーな鳥です。

古くは松尾芭蕉が「憂きわれをさびしがらせよ閑古鳥」と句を詠んだように、閑古鳥の鳴き声は非常に哀しい鳴き声をしているといいます。

そんな閑古鳥の鳴き声がどんなものなのかというと、「カッコー」と鳴きます。

そうです、閑古鳥とはカッコウのことなのです。

カッコウには何の罪もないのですが、その寂しい鳴き声が、お客の来ない寂しい店を連想させるということで、「閑古鳥が鳴く」という言葉が使われるようになったのです。

閑古鳥ことカッコウ（© Tim Peukert）

No.231

# ハチドリの驚くべき身体能力

　ハチドリは北アメリカ南西部から南アメリカ北部に分布する、鳥類で最も小さな鳥で、体重は最大でも20グラムほどしかありません。世界最小の鳥であるマメハチドリにいたっては、全長は6センチで、体重はたったの2グラム弱。しかしこんなハチドリですが、人間のアスリートでも敵わない驚くべき身体能力を備えているのです。

　そもそもハチドリという名前の由来は、昆虫のハチととても似ている羽音を立てるため。その羽ばたきは毎秒約55回にも及びます。


花の蜜を主食として生きるハチドリは、この高速な羽ばたきを活かして空中でホバリングし、花にクチバシを突っ込んでいるのです。その羽ばたきは、昆虫を除く全動物中で最も活発な代謝を行っているとされます。心拍数は毎分約1260回。飛行中における筋組織の酸素の消費量は、人間のアスリートの約10倍にもなると言われます。

　こんなに激しい運動を繰り返していては、寿命はさぞ短いのだろうと思いきや、平均で3～5年、中には10年以上生きるものも。

No.232

# オシドリは全然おしどり夫婦ではない

仲むつまじい夫婦の様子を、鳥のオシドリに例えて「おしどり夫婦」といいます。

しかし実際には鳥のオシドリの夫婦は、全くおしどり夫婦ではないのです。

一見すると、オシドリは常に寄り添うようにして仲良く木に止まっています。オスは外敵や他のオスからメスを守ります。タカなどの天敵を見つけた場合は自分が傷ついているふりをして敵の目を自分に向けるほど、メスを必死に守るのです。

しかし、いつまでも仲むつまじく過ごすわけではありません。オシドリの交際期間はその年のうちだけで、オスは毎年パートナーとなるメスを変えるのです。

また、ヒナが生まれた際も育児はメスに任せっきりで、オスが手を出すことはありません。これでは、亭主関白どころの騒ぎではありません。オシドリの夫婦は、決しておしどり夫婦ではないのです。

右のハデな方がオスで、地味な左の方がメス

No.233

# 「ワシ」と「タカ」の違いは大きさ

動物界ではこういった大きさによる分類はよくあることです。例えばイルカとクジラ、カンガルーとワラビーなど、規定のサイズ以上・以下で種類が分けられています。

ただし、ワシとタカの分け方はもっとざっくりしたもので、「大きければワシ、小さければタカ」という非常におおまかな分類方法なのです。

その大きさと力強い見た目から、ワシは「鳥の王者」と称されて、さまざまな国で国章に使用されています。

一方のタカも、日本でも古くから人間と接してきた歴史があり、タカ狩りや、家紋のデザインに用いられたりしてきました。

そんなワシとタカですが、見た目は非常によく似ています。動物学的にも両者はタカ目タカ科に属した鳥類であるのですが、その違いはというと……なんと体の大きさで分けているのです。

No.234

# 毒ヘビ同士が噛み合ったらどうなる？

毒ヘビといえば、日本ではマムシやハブなどが有名です。毒ヘビの出すヘビ毒は、神経毒、出血毒、筋肉毒に分けられますが、いずれも人間を死に至らしめる強力な毒性をもっています。では毒ヘビ同士が噛み合った場合、どのようなことが起こると思いますか？

例えばマムシ対ハブの場合、お互いが噛み合った場合、結果的にお互いは死んでしまいます。それは人間と同じくそのヘビ毒に対する免疫がないためです。

ではマムシ対マムシ、ハブ対ハブならばどうなるのでしょうか？

この場合はお互いがそのヘビ毒に対しての免疫を持っているため、一時的に弱ることはあるとしても死ぬまでには至りません。

しかし例外もあります。

例えば獰猛で毒性が極めて高いヘビ毒を持つヘビといえば、キングコブラなどが挙げられます。これらのヘビの場合、あまりにも毒性が強すぎるためにキングコブラ対キングコブラで戦ってしまうと、噛まれた方は免疫を持っていても死んでしまうのです。

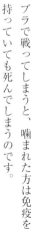

No.235

# ヘビには耳がない

ヘビをはじめとする爬虫類には、人間やイヌやネコのような、外見で判断できる耳がありません。

爬虫類の多くは頭の後ろあたりに穴が空いており、そこに鼓膜などの耳の機能が備わっていますが、なんとヘビにはその機能すらないのです。

ヘビは、鼓膜などの耳の機能が退化しています。これでは音に反応できない、と思いきや、実は体の内側に、「内耳《ないじ》」と呼ばれる音を感知する機能は存在しています。

人間などは耳の穴から音が入り、鼓膜が振動することによって聴力を得ていますが、ヘビの場合は体の表面にあたった音が、骨や筋肉などを通じて内耳に伝わり、音を感知しているのです。

そのため、ヘビの聴力は非常に優れており、地面の振動や草がわずかに動く音すらも感知できるほどだと言われています。

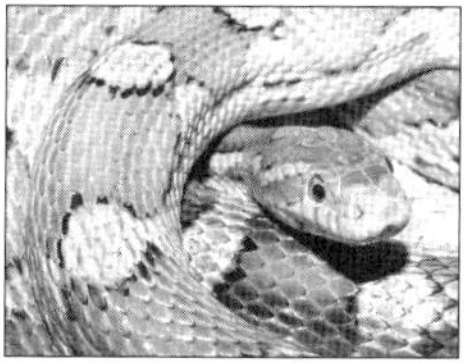

No.236

# ウミガメが産卵時に涙を流す理由

ウミガメの産卵シーンといえば、大量の卵を次から次へ産み出す様子。親ガメは痛いのか辛いのか、はたまた感動しているのか、その瞳からは涙が溢れ出ているように見えます。なぜ涙を流すのでしょうか？

お察しの通り、実は流しているのは涙ではありません。塩分を含んだ粘液なのです。

ウミガメは、目の横にある「塩類腺《えんるいせん》」という器官で、体内の塩分濃度を調節しています。この粘液は海中で普段生活しているときにも絶えず排出されており、塩類腺やエラから余分な塩分を排出しているのです。

また、陸に上がると眼球が乾いてしまうため、乾燥を防ぐ役割も果たしています。

なお、ウミガメは一回の出産で100個ほどの卵を産み出しますが、その中で外敵や環境から生き残るのはわずか1～2匹といわれます。子を想う母ガメの感情も、もしかしたら涙に含まれているのかもしれませんね。

No.237

# 亀の本当の寿命は50年

昔から「鶴は千年、亀は万年」と言われ、長寿の縁起物とされる鶴亀。鶴が１０００年も生きないのは容易に想像がつきますが、亀はなんとなく長生きしそうな生き物です。いったい、どのくらい生きるのでしょうか？

ペットとして飼われる亀の寿命は平均して25年前後ですが、野生の亀は長ければ50年ほど生きられるようです。

ただし、これ以上に寿命の長い亀がいます。１７６６年、セイシェル諸島で発見されたゾウガメは２００歳まで生きたと言われています。さらにインドの動物園で飼育されていたアルダブラゾウガメは、２５０歳まで生きた可能性があるとされています。

しかし、残念ながら両名とも正式な記録が残っているわけではなく、実際にギネスブックに登録されている長寿記録は、マダガスカル島で発見されたホウシャガメ。少なくとも１８８年は生きた記録が残されています。

「亀は万年」にはほど遠い寿命ですが、日本人の寿命が１００年ほど前までは50歳だったことを考えると、十分長生きと言えます。

No.238

# カメやワニは温度で性別が決定する

カメやワニなどの爬虫類は、卵から孵化《ふか》する動物です。そしてこれらの爬虫類の多くは、卵が産まれた環境の温度の違いで、性別が分かれるのです。

爬虫類の多くは「温度依存型性決定」と呼ばれる方法で性別が決定します。これは卵が孵化する際の温度によって決定される方法で、その種類は3種類あります。

アメリカアリゲーターなどに見られる例では、低温でメスに、高温でオスに。カミツキガメなどは低温と高温でメスに、中間温度でオスに。アカウミガメなどは高温でメスに、低温でオスになるという3種類です。低温と高温の境目は、おおよそ28度とされます。

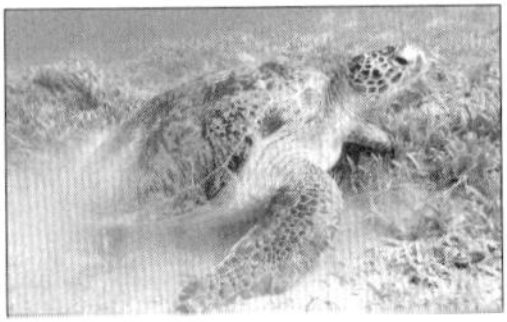

卵が低温だとメスになるアメリカアリゲーター（上）と高温だとメスになるアオウミガメ（下／© Alexander Vasenin）

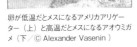

No.239

# カメレオンの本当の色はない？

ギョロッとした目や、長い舌が特徴的なカメレオン。何と言っても最大の特徴は、周りの環境に自身の色を変化させる擬態です。ではさまざまな色に変化できるカメレオンは、本来どのような色をしているのでしょうか？

　あまり知られていないことですが、カメレオンは実に約２００種もの種類が存在します。大きなものでは60センチほど、小さなものでは3センチほどと多様ですが、いずれも周りの環境や自身の感情などによって体の色が変化し、保護色となって外敵から身を守ることができます。

　しかしこの擬態、実はカメレオンが意識的に行っているわけではありません。視覚のみならず、皮膚そのものが環境の変化を直接感じ取り、色が変化するのです。意外なことに、緑や黄、褐色系のいわゆる自然界に適した色にしか変化できないそう。

　しかし、死してなおその擬態は活きており、死んだ環境に合わせて体の色が変化します。どの色であろうと、カメレオンにとってはそれが本来の色と言えるのではないでしょうか。

No.240

# カタツムリにも歯が生えている

人間をはじめ、多くの動物には食べ物を咀《そ》嚼《しゃく》するための歯が生えています。

昆虫には歯がないように思いますが、カタツムリをはじめとした軟体動物は違います。「歯舌《しぜつ》」と呼ばれる歯が生えているのですが、カタツムリの場合、その数は驚愕するほど多いのです。

歯舌とは読んで字のごとく、舌の上に歯が生えている状態をいいます。ヤスリやおろし金を想像するとわかりやすいでしょう。

カタツムリなどは食べ物を噛むのではなく、この歯舌を前後に動かしながら、すりおろすように、削り取るようにして食べ物を摂取します。

歯舌は一列におよそ80本。それが何百列も連なっており、歯の総数は1万～2万本程度もあるのです。

しかも歯舌に生えてくる歯は何度でも生え変わるというから驚きです。

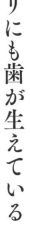

No.241

# ミミズはバックできない

のらりくらりと地面を這いつくばって移動するミミズ。どちらが頭でどちらが尻尾なのかパッと見ではわからないものですが、簡単に見分けることができます。

実はミミズは、後ろ向きに移動することができないのです。

ミミズはヘビなどと同じように体を伸ばしたり縮めたり、クネクネと体を動かす「蠕動《ぜんどう》運動」によって移動しています。気持ち悪いと思う方もいるかもしれませんが、これは人間の大腸などにも当てはまる運動で、大腸の場合、波打つように運動を起こして腸に送られた食べ物を先へと運ぶのです。

では、なぜミミズはバックすることができないのでしょう?

ミミズの体には、非常に小さいのですが、短く太い毛が生えており、これが滑り止めの役目をしています。しかしこの毛のせいで、後ろに下がりたくても下がれないのです。

No.242

# 紋は黒いのになぜモンシロチョウ？

日本でも身近なところに生息しているモンシロチョウ。しかし、真っ白な体に黒い模様（モン）が描かれているのに、なぜモン「シロ」チョウと呼ばれているのでしょうか？

モンシロチョウは漢字で「紋白蝶」と書きます。「モン（紋）」とは、すなわち家紋のこと。家紋は日本独自の紋章で、その家に代々伝わるものであることは、誰もが知っていることでしょう。

その名の通り、昔の人はモンシロチョウの真っ白な体に点々と付いている黒い模様を紋に見立ててこの名前を付けたのですが、それならなぜ、モンクロチョウではなく、モンシロチョウなのでしょう？

実は明治時代まではこの蝶のことを「モンクロシロチョウ（紋黒白蝶）」と呼んでいました。紋が黒い、白い蝶という意味です。しかしこの名前がややこしく覚えにくいということから、省略された「モンシロチョウ」という名前が教科書に載り始め、現代まで引き継がれているというわけなのです。

No.243

# セミで鳴くのはオスだけ

夏も本番になると、あちらこちらでセミの大合唱が聞こえてきます。夏の風物詩だからと風流に感じるのは最初だけで、朝から晩まで続く大合唱に嫌気がさしてくるものです。

しかし、セミの鳴き声を聞いたからといって、すべてを目の敵にするのはかわいそうです。なぜなら鳴くのはオスだけだからです。

オスの成虫の腹腔内には、音を出す発音筋と発音膜、音を大きくする共鳴室、腹弁などの発音器官が発達しています。鳴き声の大きなヒグラシなどは、非常に大きな空洞を持っています。

この発音筋を秒間2万回ほど振動させることによって、セミは鳴いています。この鳴き声に釣られてやってくるのが、メスのセミです。つまりセミは子孫を残すため、メスの気を惹くために大きな音を出しているのです。

なお、セミは一日中鳴いているイメージがありますが、時間帯は種類ごとに異なります。クマゼミとミンミンゼミは午前、アブラゼミとツクツクボウシは午後、ヒグラシは朝と夕、ニイニイゼミは朝~夕までという具合です。

No.244

# 働きアリはほとんどが働いていない

童話『アリとキリギリス』の中では、アリは冬に備えてせっせとエサを巣に運ぶ姿が描かれています。そんな話もあってか、道端でアリの行列を見かけると、「がんばれ！」と声をかけてしまいたくなるものです。

しかしそんなアリが、実は全然働いていないと知ったらどう思いますか？

イタリアの経済学者、ヴィルフレド・パレートが発見した「パレートの法則」というものがあります。これは、経済において全体の数値の大部分は、全体を構成するうちの一部の要素が生み出しているという理論で、80：20の法則とも呼ばれます。

このパレートの法則の亜種として「働きアリの法則」というものがあります。パレートの法則と同じく、20％のアリがせっせとエサを運んでいる横で、80％のアリはそこら辺を歩いているだけで全く仕事をしていないというものです。さらに働いている20％のアリだけを採取して新たなアリの世界を作ると、その中でさらに80：20に別れるというから面白いものです。

No.245

# ミツバチは眼から毛が生えている

花の蜜を吸って生態系を維持している昆虫はいくつかいますが、メジャーなのはミツバチでしょう。なかなか気づきにくいのですが、ミツバチの眼は他の昆虫と違い、細かな毛が生えています。いったいなんのためのものなのでしょうか？

ミツバチが花に頭を突っ込むのは蜜を集めるためですが、それと同時に花粉も体に付着させています。花粉は幼虫のエサとなる上、卵を産み付ける際にも使用する大事なもの。そのためミツバチには、花粉専用の運搬スペースまでついています。

ミツバチの脚の付け根にはくぼんだスペースがあり、この部位は「花粉かご」と呼ばれるものです。花粉に花の蜜を加えてダンゴ状に丸くしたものを、この花粉かごに入れて巣へと持ち運ぶのです。

このようにミツバチは花粉と接する機会が多いため、花粉から眼を守るために毛が生えているのです。

No.246

# 知るとちょっと怖いダンゴムシの生態

日本でも全国的に生息するダンゴムシは、正式にはオカダンゴムシといいます。元々は日本には生息していませんでしたが、明治時代に地中海周辺から貨物に紛れ込んで舶来してきたと考えられています。

そんなダンゴムシの生態、あなたはどれだけ知っていますか?

ダンゴ「ムシ」と呼ばれていますが、広い意味ではエビやカニなどの仲間です。そのため、毒を持たない種であれば食すことも可能です。味の保証はできませんが。

落ち葉を食べ、微生物が分解しやすい状態にしてくれることから「自然界の分解者」とも称されますが、その食性は雑食で、基本的には何でも食べます。コンクリートの隙間などでダンゴムシを見かけることがありますが、これらのダンゴムシは、コンクリートを食べているのです。なぜそんなものを食べるのかというと、硬い殻を維持するため、カルシウムが必要だから。無論、水分も必要としますが、補給先はなんとお尻。このようにダンゴムシは不思議だらけの生き物なのです。

No.247

# ゴキブリは頭を切断しても数週間生きられる

恐竜たちが地球を支配していた時代から地球に存在し、氷河期を乗り越えて現代でも生き続けている昆虫。それが、最も嫌われている昆虫の一つでもあるゴキブリです。

ここまで長い間絶滅することなく生きることができたのは、彼らが驚異的な生命力を持ち合わせているからです。

退治してもしぶとく動き続ける様子から、ゴキブリは頭と体に脳が一つずつ存在する、と言われることがあります。確かにゴキブリは頭を切断しても即死することはなく、数週間程度ならそのままの状態で活動を続けることができます。

しかしそれは胸部にある食道下神経節という、足をコントロールするための機能が生きているためです。決して脳が二つあるわけではありません。

それに、頭部を失ったゴキブリはエサを摂取することができませんから、最終的には餓死することでその生命を終えるのです。もちろん、だからといって放っておくのも気味が悪いものですが。

No.248

# アメンボは「雨」とは無関係

雨上がりの水たまりをふと見てみると、一匹のアメンボが水面をスイスイと優雅に滑っている姿を目にすることがあります。

水とは切っても切れない関係から、アメンボの「アメ」は「雨」を意味している、と思われがちですが、そうではありません。

アメンボは足先の毛だけを水面につけて、毛の撥水性《はっすいせい》と表面張力を利用して水面に浮かんでいます。別名でミズグモ（水蜘蛛）やスイバ（水馬）などとも呼ばれます。

アメンボを漢字で書くと「水黽」「水馬」「飴坊」「飴棒」などがあります。「飴」というのは甘いお菓子のあの「飴」のことです。

アメンボの臭いは独特で、飴のような甘い匂いを発しているのです。つまりアメンボの「アメ」は「雨」ではなく「飴」のことを指していたのです。

ちなみに、「ボ」は「棒」を意味しており、アメンボの体が棒のように細長いことから名付けられました。

足に生えた細かい毛に油がついているため、アメンボは水をはじく。

No.249

# 光合成できる動物がいる

光合成とは、太陽の光を受けて水と空気中の二酸化炭素から炭水化物を合成する働きのこと。植物だけの特権であると、学校の授業で習った気がしますが、実は動物の中にも光合成ができるものが存在するのです。

その動物とはウミウシです。ナメクジのような姿をしていることから、英語で「シー・スラッグ（海のナメクジ）」と呼ばれます。

その種類は非常に多彩ですが、アメリカの東海岸にのみ生息するエリシア・クロロティカというウミウシは、レタスなど葉っぱ類の野菜の葉のような姿をしており、その姿の通り光合成に必要な葉緑体を持っているのです。

しかしいくら動物界の世界が広いからといって、生まれながらにして葉緑体を持った動物はいません。このウミウシは海中の藻類を食べることで、普通は消化してしまう葉緑体を自らの体に取り込んで、光合成を可能にする体を作り上げるのです。

なお、光合成ができるようになったウミウシは、最長で1年程度光合成だけで生き延びることができるとされます。

No.250

# ザリガニの本来の色は無色透明

日本でいうザリガニとは、アメリカザリガニを指すのが一般的です。

その色は茹でてもいないのに赤く染まっています。最近は聞きませんが、赤いことから「マッカチン」という別名もあるほどです。

しかし、実際にはザリガニの子どもは無色透明で、その育ち方によって色が分かれるというのです。どういうことなのでしょうか？

そもそも、ザリガニの血液は無色です。それゆえ、子どものザリガニの本来の色は、無色透明です。褐色のようにも見えますが、同じ甲殻類のエビなどを想像してみると、その色自体は不自然でないことがわかります。

ではこの無色のザリガニが、なぜ赤く色づくのでしょうか？　その答えは、ザリガニが口にするエサに関係があります。

野生のザリガニが食べるエサには、カロチンを元に作られるアスタキサンチンと呼ばれる色素が含まれています。このカロチンは一部の野菜やエビやカニ、海藻類などに含まれています。ザリガニは、これらをエサとして食べることで、赤く色づいてしまうのです。

それでは、あえてカロチンの含まれていないエサを与え続けた場合はどうなると思いますか？　実は、ザリガニの色は青くなるというのです。

実際、アジなどの動物性のエサだけを与え続けた場合、ザリガニの体は青く色づき、さらに続けた場合は真っ白な体になってしまいます。

珍しいのでやってみたい、というお子さんもいるかもしれませんが、一つ注意を。本来あまり食べることのない動物性のエサばかりを与えていると、さまざまな栄養が足りずにザリガニは栄養失調の状態になってしまいます。これでは成長に負担をきたすことになってしまいますので、無理はしないよう、気を付けたいものです。

No.251

# 「海老」と「蝦」の違い

「海老」と「蝦」。よく目にするのは「海老」の方ではないでしょうか。「蝦」はあまり見慣れない字ですが、どちらも魚介類のエビを指す言葉です。読み方も一緒なのでややこしいですが、しっかりと違いはあるのです。

エビには伊勢海老や車エビ、果てはザリガニまで、実に多様な種類が該当します。基本的にどの種も10本の脚を持つ甲殻類であることが言えます。エビの漢字の使い分け方は、そのエビがどのような生態をしているかで判別されます。

「海老」は海底を這うようにして歩く種のエビを指します。伊勢海老やロブスターなどがこれに該当します。

一方の「蝦」は、水中を泳ぐ種のことを指します。小型のエビであればほとんどがこちらに該当します。

「海老」は、まるで老人の様に腰が曲がっていることから付けられた当て字です。「蝦」は、ヒゲや脚が沢山出ていることを表しています。英語では前者がロブスター、後者がシュリンプとなります。

No.252

# エビをおが屑に入れて運ぶのは鮮度を保つため

車エビや伊勢エビなど、高級なエビほどおが屑の敷き詰められた木箱の中に入れられて輸送されます。こうして輸送されたエビは、生きたままであることがほとんどですが、なぜ水もないのに死なないのでしょうか？

おが屑の役割はいくつかあります。エビ同士が暴れて他のエビを傷つけないようにする役割や、容器の中の温度を一定に保つ保温材の役割も担っています。

しかし、一番重要なのは、容器中の湿度を保ってエビの乾燥を防ぐ、保湿の役割です。

エビは魚介類なので、エラ呼吸をしています。エラには毛細血管が通っており、ここが濡れていれば、水分中の酸素を吸収して呼吸ができます。つまり保湿性が高ければ、エビはエラ呼吸で生き続けることができるのです。

保湿性が十分なら、エビは一週間程度は水中にいなくともエラ呼吸を続けることが可能です。ただし、容器内の温度が20度を超えた場合、上手くエラ呼吸できないことも。ご家庭で保存する際、適切な保存場所がなければ、すぐに冷凍した方がいいでしょう。

No.253

# タコとイカの心臓は三つある

言うまでもなく、心臓は体中に血液を運ぶポンプの役割をしており、生物であれば必ず一つは持っている臓器です。

しかし驚くことにタコやイカにはこの心臓が三つあるというのです。

タコやイカは本来の心臓の他に、二つのエラ心臓を持っています。

通常の心臓は体全体に血液を送り出す役割を担っていますが、エラ心臓はエラに血液を急送する働きを担っています。

なぜわざわざそのような心臓が必要なのでしょうか？　それは、急激な運動量を必要とする際に、大量の酸素が必要になるため。エラは、人間でいえば肺にあたる重要な器官。要は、エラ専用の酸素ボンベがついているような状態です。

この心臓のおかげで、普段は緩慢に見えるタコやイカは、いざというときは素早い動きに移ることができるのです。

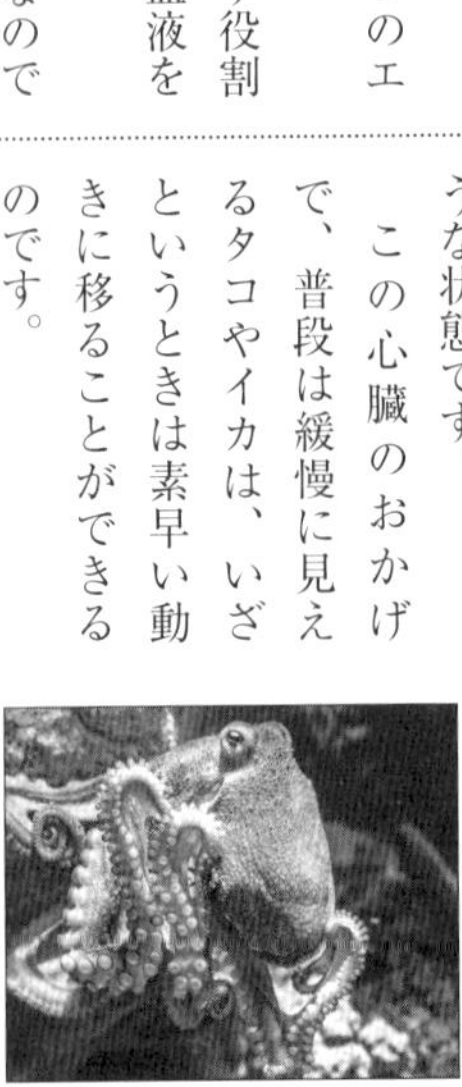

No.254

# タコの性別を簡単に見分ける方法

タコは不思議な生き物です。一般的に足と呼ばれる部分は実は腕であり、頭だと思われている部分は胴なのです。本当の頭は足（腕）の付け根部分にあり、頭から足が生えていることから「頭足類」と呼ばれるのです。

そんなタコの性別の見分け方をご紹介しましょう。

タコのオスも他の生物と同じく、例外なく生殖器が存在します。タコのオスの場合の生殖器は、腕の一本が生殖器になっているのです。生殖器となる腕の先端には吸盤が付いておらず、ここを観察することでオスかメスかの判別をつけることができます。

ではスーパーマーケットなどで売られている、ぶつ切りにされた状態からはどうやって判別すればいいのでしょうか？　この場合も注目すべきは吸盤です。

吸盤をよく観察してみると、規則正しい列を形成しているものと、バラバラに並んでいるものの2種類があることがわかります。吸盤が真っ直ぐに整列しているものがメスで、バラバラのものがオスの腕なのです。

No.255

# カジキマグロはマグロではない

カジキマグロという名前から、マグロの仲間と捉えられがちですが、カジキマグロはマグロとは全く異なる生物です。

ではなぜマグロという名称が付けられているのでしょうか？

カジキマグロは先端が尖っていることが特徴の大型魚です。よくトローリングで釣り上げているシーンがテレビで放映されています。

カジキマグロは時速100キロ以上で泳ぐことができ、最も速く泳ぐことのできる魚としてギネスブックに登録されています。


中でも、バショウカジキは100メートルプールを1秒以内に泳ぐことができると言われています。

マグロはスズキ目サバ科マグロ属に属する魚ですが、カジキマグロはスズキ目メカジキ科、スズキ目マカジキ科に属する魚のことで、正式にはカジキマグロではなく、メカジキやマカジキと呼びます。しかし大型回遊魚であることや、その肉質が極めてマグロに似ているため、俗称として「カジキマグロ」と呼ばれるようになったのです。

No.256

# フグは海にいるのになぜ「河豚」と書く？

高級魚としても名高いフグは、言うまでもなく海に生息する魚です。フグを漢字で書く場合「河豚」と書きますが、なぜ海に生息しているはずなのに「河《かわ》」という字をあてているのでしょうか。

漢字は中国から日本へ伝わったものというのはご存じの通りです。「河豚」という漢字も例外ではありません。漢字の元となった中国のフグは、「メフグ」と呼ばれる種類のフグでした。このフグは河川などの淡水に生息している種のフグなのです。ここから「河」という漢字があてられました。

「豚」という漢字は、フグが敵を威嚇する際などに発する鳴き声が「ブーブー」と聞こえることから付けられました。

こうして「河豚」と書いてフグと読む漢字が誕生したのです。でも日本のフグは海に生息するから「海豚」に変えれば良かったのでは？　と思いますが、「海豚」には既に「イルカ」という読み方があったため、そのまま「河豚」を使うことになったといいます。

No.257

# チョウザメはサメの仲間ではない

世界三大珍味といえば「キャビア」「フォアグラ」「トリュフ」です。

この中で海産物であるのはチョウザメの卵である「キャビア」ですが、皆さんはチョウザメを鮫《さめ》の仲間だと思っていませんか?

チョウザメはおよそ3億年前から生息する、シーラカンスなどと並ぶ古代魚の一種です。体長は1~2メートルほどの大型魚で、アジやサバなどと同じ硬骨魚の仲間と言われます。

ではなぜ「サメ」と名付けられたのでしょうか? それはズバリ「サメに外見が似ているから」です。

一見するとサメに似ている上、体表面のウロコが蝶々の形をしているため「蝶鮫《ちょうざめ》」と呼ばれるようになったのです。

なお、チョウザメといえばキャビアのイメージですが、その身もコラーゲンやタンパク質を豊富に含んだヘルシー食材として、人気があるのです。

© Cacophony

No.258

# 電気ウナギが自分に感電しないのはなぜ？

電気は電子の動きによって発生します。乾電池では、マイナス極からプラス極へと電子が移動することによって電流が生じ、電気が発生する仕組みになっています。

それでは、強力な電気を生み出すことのできる電気ウナギの体は、どのような仕組みになっているのでしょうか？

電気ウナギは、筋肉の細胞が「発電板」という細胞に変化した発電器官を持っています。数千個の発電板が並んだ発電器官は、体長の5分の4ほどを占めます。電気ウナギの場合は頭がプラス極、尾がマイナス極になっているのです。

電気ウナギが発生する電圧は、瞬間的に最高600～800Vの強力なものになります。これほど強力な電力が流れていても、電気ウナギは体内に蓄えた脂肪が絶縁体の役割を果たすため、自分自身は感電することはないのです。

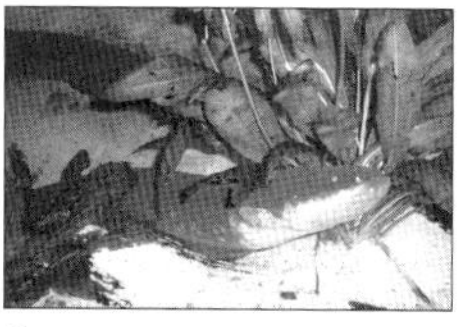

Ⓒ Steven G. Johnson

No.259

# ピラニアは獰猛な生き物ではない？

南米のアマゾン川などに生息しているピラニア。パニック映画などでは川に落ちた人間が一斉にピラニアに襲われ命を落とすというシーンがありますが、一概にはピラニアが人間に襲い掛かってくるとは言えないのです。

確かにピラニアは鋭利な歯と強靭なアゴを持つ肉食の魚です。

しかしその性格は非常に臆病であり、自分よりも大きく、動くものを認識した場合はすぐに逃げ出してしまいます。

実際にピラニアは観賞用としても人気の高い魚の一つで、水槽に手を入れてもおとなしくしていることが多いです。しかし臆病がゆえにパニックを起こして、牙を剥いてくる可能性があります。

また、ピラニアは血の匂いや水面を叩く音などに反応して獲物に飛びかかる習性があります。すなわちアマゾン川を訪れたとしても、静かに水面に足を踏み入れればピラニアが群れを成して襲ってくることはあり得ないのです。

No.260

# チョウチンアンコウのオスはメスに同化する

タイトルだけ見ると、なんのこっちゃ？と思われる方も多いでしょう。

チョウチンアンコウは深海に生息するアンコウの仲間で、頭から提灯のようなものをぶら下げています。

このようにイメージされるチョウチンアンコウは、実はメスで、オスのチョウチンアンコウは全く違う形をしています。

種にもよりますが、チョウチンアンコウのメスは体長およそ40センチにまで成長します。オスはその20分の1、わずか2センチほどしかありません。

最も独特なのは、子孫を残す方法です。オスは好みのメスを見つけると、その体に噛み付いて寄生を始めます。すると、徐々にオスの体はメスの体と同化していき、脳や心臓までもがメスに吸収されてしまい、最終的には精巣だけがメスの体内に残るのです。

精巣を手に入れたメスは、いつでも子孫を残せる状況になるというわけです。しかし、これが人間であったならと考えると、とても怖いものです。

**著者紹介**
曽根翔太（そね・しょうた）
1985年新潟県新発田市生まれ。
雑学共有サイト「GakuSha」の運営を行う。大好きな雑学で、一人でも多くの方を「なるほど！」と思わせたい気持ちで、同ウェブサイトの運営、本著を執筆するにいたる。著書に『今すぐ話したくなる知的雑学　知識の殿堂』（彩図社）、『考える雑学』（大和書房）がある。

GakuSha：http://gaku-sha.com

章扉画像：DaLiu/Shutterstock.com
1章アイコン：Danussa/Shutterstock.com

知っていると差がつく知的雑学
# 知識の博覧会

2020年5月12日　第1刷

著　者　曽根翔太
発行人　山田有司
発行所　株式会社　彩図社《さいずしゃ》

〒170-0005　東京都豊島区南大塚3-24-4 MTビル
TEL:03-5985-8213
FAX:03-5985-8224

印刷所　新灯印刷株式会社

URL：https://www.saiz.co.jp
Twitter：https://twitter.com/saiz_sha

 ISBN978-4-8013-0447-5 C0100

本書は2018年5月に刊行された同名の書籍を修正のうえ、文庫化したものです。